Hans Stoffels / Gunther Kruse

Der psychiatrische Hausbesuch

Hans Stoffels,
Dr. med., Priv.-Doz., Psychiater
und Psychotherapeut, arbeitete
über 10 Jahre unter K.P. Kisker
und E. Wulff an der Psychiatrischen Klinik der Medizinischen
Hochschule Hannover. Seit 1994
leitet er die Psychiatrische Abtei-
lung der Schloßpark-Klinik in
Berlin.

Gunther Kruse,
Dr. med., Jg. 1948, ist nach
langjähriger Tätigkeit in
psychiatrischen Einrichtungen, u.a. im sozialpsychiatrischen Dienst, seit 1987
Chefarzt der Hannover-
schen Klinik für Psychia-
trie und Psychotherapie in
Hannover-Langenhagen.

Hans Stoffels / Gunther Kruse

Der psychiatrische Hausbesuch

Hilfe oder Überfall?

Psychiatrie-Verlag

Die Deutsche Bibliothek – CIP-Einheitsaufnahme

Der psychiatrische Hausbesuch: Hilfe oder Überfall? / Hans Stoffels
und Gunther Kruse. – Bonn : Psychiatrie-Verl., 1996
    ISBN 3-88414-200-3
NE: Kruse, Gunther:

Originalausgabe
© Psychiatrie-Verlag gem. GmbH, Bonn 1996
Kein Teil dieses Werkes darf ohne Zustimmung des Verlags vervielfältigt
oder verbreitet werden.
Satz: Marina Broll, Dortmund
Umschlagabbildung: Hildegard Wohlgemuth, Hamburg
Umschlaggestaltung: markus lau hintzenstern, Berlin
Druck und Bindung: Clausen & Bosse, Leck

Über all diese Einwände scheint die Geschichte hinweggehuscht. Man scheut fast davor zurück, diese Kritik noch einmal zu beleben. Wir sehen in ihr ein Menetekel gegenüber therapeutisch und medizinisch zu weit gehenden Eingriffen. Sicher ist der psychiatrische Hausbesuch ein invasives Verfahren. Man kann ihn, wie anderenorts eingehend analysiert, als »Grenzüberschreitung« ansehen (vgl. STOFFELS 1985). Aber jede vom Arzt verabfolgte Spritze ist invasiv, stellt eine Grenzüberschreitung dar, ist sogar Körperverletzung, aber niemand zweifelt daran, daß eine Spritze segensreich, sogar lebensrettend sein kann, wenn die Indikation, die Auswahl und die Dosierung des Medikaments stimmen. Ähnlich verhält es sich mit dem psychiatrischen Hausbesuch.

Das, was »Psychiatrisierung des Alltags« genannt werden kann, geht heute mit einer zunehmenden Verrechtlichung dieser Praxis einher. Juristen bremsen Ärzte und Therapeuten, wenn sie zu expansiv werden, und erheben den Vorwurf des Hausfriedensbruchs oder der Freiheitsberaubung. Aber auch dies ist zweischneidig. Es geht zugleich damit einher, daß vieles zu einem rechtlichen Staatsakt wird und in allen denkbaren Papieren und Akten seinen Niederschlag findet, was früher mit einem 1-Tages-Aufenthalt in der Psychiatrie, von dem keiner etwas erfuhr, gewissermaßen abgegolten war.

Durch die Einrichtung von Institutsambulanzen an psychiatrischen Krankenhäusern werden die Fangarme der stationären Psychiatrie nach draußen verlängert. Vor allem die Schaffung der Rolle eines sogenannten Sektorarztes, der im Spagat oberärztlich auf der Station und in der Beratungsstelle arbeitet, öffnet der Befürchtung einer Allgegenwart der Psychiatrie Tür und Tor. Dem Patienten mag es da gehen wie dem Hasen in »Hase und Igel«: Egal, wo er sich aufhält, zu Hause oder in der Klinik, der Sektorarzt ist überall immer schon da. Viele Hausbesucher gehen aber durchaus sensibel und selbstkritisch bei ihrer Arbeit vor. Wir haben bei über 200 psychiatrischen Hausbesuchen den Hausbesucher bei seiner Rückkehr in die Beratungsstelle gefragt, welcher Aspekt bei seinem Tun im Vordergrund stand. Ging es um Diagnostik und Therapie, um soziale Hilfe, um Kontrolle und Prävention oder um juristische Absicherung? Die folgende Graphik veranschaulicht die gegebenen Antworten.

Aspekte des Hausbesuchs nach Einschätzung des Hausbesuchers

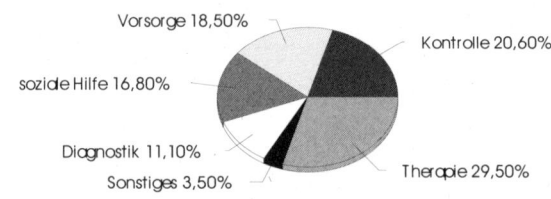

Die befragten Hausbesucher zeigen sich kritisch. Sie ordnen ihre Tätigkeit nicht nur unter die Rubrik der sanften Begriffe »Therapie« und »soziale Hilfe«. Zu einem Fünftel gehe es um Kontrolle, und ebenso häufig zunächst lediglich um Vorsorge, und auch Diagnostik sei angezeigt.

Der Hausbesuch ist kritisierbar als eine Art Überbehütung und auch als verlängerter Arm institutioneller Überwachung. Er bewegt sich auf einem Grat mit Risiken auf beiden Seiten. Vorsicht ist immer ratsam. Die Chancen und Möglichkeiten des psychiatrischen Hausbesuchs sind in diesem Buch aufgezeigt worden. Die Abwägung seiner problematischen Funktionen muß jeder Hausbesucher selbst vornehmen. Die

Probleme sind nicht zu unterschätzen. Sie dürfen aber nicht daran hindern, die Herausforderung anzunehmen und eine Psychiatrie zu praktizieren, die den Patienten und Patientinnen in ihrem jeweiligen Umfeld bei- und nahesteht.

Anhang

11 Checkliste

Wir wollen nachfolgend versuchen, einige der in den vorangehenden Kapiteln dargestellten Verhaltens- und Vorgehensweisen in einer knappen Auflistung noch einmal darzustellen. Da dieses Büchlein sich weniger an Betroffene (Psychiatrie-Erfahrene) richtet als an die in der Psychiatrie tätigen Berufsgruppen, wenden sich die Ratschläge nur an diese. Die Übersicht enthält vorrangig Fragen zur »Technik« des psychiatrischen Hausbesuchs. Notgedrungen reduziert die gegebene Anleitung die komplexe Wirklichkeit.

1. Vor jedem Hausbesuch muß sich der Hausbesucher fragen, wer der Auftraggeber ist. Hypothesen über die vermuteten Interessenlagen sind aufzustellen. Entscheidend ist die Frage, wie rasch gehandelt werden muß.

2. Wenn der Hausbesuch durch eine Drittperson angefordert wird, sollte der Hausbesucher, wenn irgend möglich, mit dieser Drittperson persönlich, z. B. telefonisch, sprechen. Dies gehört zur Abklärung der Vorgeschichte. Gab es frühere Hausbesuchssituationen, und wie verliefen sie?

3. In Situationen, in denen ein Akut-Hausbesuch angefordert wird, wo die Situation unbekannt und möglicherweise span-

nungsgeladen ist, sollte ein Hausbesuch immer zu zweit durchgeführt werden. Die eventuell notwendig werdende Rollenverteilung sollte vorher abgesprochen sein: Wer beginnt das Gespräch, wer bleibt vor Ort, wer ruft ggf. den Krankenwagen? etc.

4. Wenn der Hausbesuch nicht sofort durchgeführt werden muß, sollte der Hausbesucher nicht mit der Tür ins Haus fallen, d. h., er sollte den Hausbesuch schriftlich oder telefonisch anmelden. Formulierungen mit Bedacht und Fingerspitzengefühl wählen!

5. Ein psychiatrischer Hausbesuch sollte nie unter Zeitdruck durchgeführt werden. Komplikationen und sehr schwierige Entscheidungen können sich immer wieder unvorhergesehen einstellen. Etwaige ambulante Termine z. Zt. des Hausbesuchs absagen!

6. Auch das Auftreten beim Hausbesuch kann gelernt werden. Erfahrene Mitarbeiter und Mitarbeiterinnen sollten Vorbilder sein. Verständnisvolles und sicheres Auftreten, aber vor allem: Taktgefühl.

7. Wenn aufgrund der Vorgeschichte während des Hausbesuchs eine gerichtliche Zwangseinweisung in eine psychiatrische Klinik wahrscheinlich ist, dann sind die erforderlichen Maßnahmen schon vorher Schritt für Schritt durchzugehen. Wer muß verständigt werden? Wer begleitet den Kranken? Sind Notfallmedikamente vorhanden? Dies dient dazu, unnötige Traumatisierungen der Patienten, der Angehörigen, aber auch der Nachbarn und des Hausbesuchers selbst zu vermeiden.

8. Wenn die Frage eines freiwilligen Klinikeintritts im Raum steht, muß gefragt werden, ob er wirklich erforderlich ist. Was haben frühere Klinikeinweisungen gebracht? Geht es um Entlastungen (des Patienten, der ambulant Behandelnden), die unnötig sind? Ambulantes Behandlungsangebot, einschließlich der komplementären Dienste, wirklich ausschöpfen!

9. Am Ende eines Hausbesuchs steht immer eine Entscheidung, etwa: Ich komme in einer Woche um die gleiche Zeit wieder. Oder: Ich erwarte sie am nächsten Tag um 15:00 Uhr in der Ambulanz. Oder: Nach Rücksprache mit ihren Angehörigen werde ich sie wieder verständigen.

12 Literatur

ANGERMEYER, M.C.; FINZEN, A. (Hrsg.) (1984): Die Angehörigen-Gruppe. Familien mit psychisch Kranken auf dem Wege zur Selbsthilfe. Enke, Stuttgart.

AUDISIO, M. (1980): La Psychiatrie de secteur. Une psychiatrie militante pour la sante mentale. Eduard Privat, Toulouse.

BALINT, M.; BALINT, E. (1995): Psychotherapeutische Techniken in der Medizin. Klett-Cotta, Stuttgart.

BASAGLIA, F. et al. (Hrsg.) (1980): Befriedungsverbrechen. Über die Dienstbarkeit der Intellektuellen. Europäische Verlagsanstalt, Frankfurt.

BEHRENS,M.N.; ACKERMANN, N.W. (1956): The Home Visit as an Aid in Family Diagnosis and Therapy. *Social Casework* 37, S. 11-19.

BENNETT, D. (1989): Probleme der beruflichen und sozialen Integration psychisch Kranker und Behinderter in Großbritannien. In: KULENKAMPFF, C.: PICARD, W. (Hrsg.): a.a.O.

BLOCH, D.A. (1973): The Clinical Home Visit. In: BLOCH, D.A. (Ed.): Seminars in Psychiatry. Techniques of Family Psychotherapy. Grune-Stratton, New York, London, S. 39-45.

BOCHNIK, H.J.; KOCH, H. (1990): Die Nervenarzt-Studie. Praxen, Kompetenzen, Patienten. Deutscher Ärzte Verlag, Köln.

BOLLNOW, O.F. (1963): Mensch und Raum. Kohlhammer, Stuttgart.

BRAUN, P.; KOCHANSKY, G. et al. (1981): Overview: Deinstitutionalization of Psychiatric Patients, a Critical Review of Outcome Studies. *Am. J. Psychiatry* 138, S. 736-749.

CASTEL, F.; CASTEL, R. (1982): Psychiatrisierung des Alltags. Suhrkamp, Frankfurt a.M.

CHRISTEN, G. (1976): Kantonale psychiatrische Familienpflege. Drahtzug AG, Zürich.

CREMERIUS, J. (1979): Gibt es zwei analytische Techniken? *Psyche* 33, S. 577-599.

ERNST, K. (1981): Praktische Klinikpsychiatrie für Ärzte und Pflegepersonal. Springer, Berlin.

ERNST, K.; ERNST, C. (1986): Italienische Psychiatrie: Augenschein in der Lombardei. *Nervenarzt* 57, S. 494-501.

FREUD, S.; BREUER, J. (1895): Studien über Hysterie. Fischer, Frankfurt a.M. 1970.

FRIEDAN, et al. (1964): The Psychiatric Home Treatment. *Am. J. Psychiatr.* 120, S. 782-787.

GMÜR, M. (1987): Die Prognose der Schizophrenie unter sozialpsychiatrischer Behandlung. Enke, Stuttgart.

HASELBECK, H.; MACHLEIDT, W.; STOFFELS, H.; TROSTDORF, D. (Hrsg.) (1987): Psychiatrie in Hannover. Enke, Stuttgart.

HAUG, W.F.; PFEFFERER-WOLF, H. (Hrsg.) (1987): Fremde Nähe. Festschrift für Erich Wulff. Argument, Berlin, Hamburg.

HOCHMANN, J. (1971): Thesen zu einer Gemeindepsychiatrie. Suhrkamp, Frankfurt 1973.

KATSCHNIG, H. (Hrsg.) (1987): Notfallpsychiatrie und Krisenintervention. Rheinland, Köln.

KATSCHNIG, H. (1976): Die andere Seite der Schizophrenie. Patienten zu Hause. Urban & Schwarzenberg, München.

KISKER, K.P. (1978): Der »praktische Arzt« und die »Gemeindepsychiatrie«. *Nds. Ärzteblatt,* 55-58.

KOLB, G. (1908): Vorschläge für die Ausgestaltung der Irrenfürsorge und für die Organisation der Irrenanstalten. Unter besonderer Berücksichtigung der bayerischen Verhältnisse. Carl Marhold, Halle.

KRUSE, G. (1980): Situation und Aufgaben sozialpsychiatrischer Beratungsstellen am Beispiel der Beratungsstelle Linden (Hannover). Argument-Sonderband 53, Argument-Verlag, Berlin, Hamburg.

KRUSE, G. (1982): Sozialpsychiatrische Beratungsstellen. In: *Nervenarzt* 53, 154-158.

KRUSE, G. (1985): Professioneller Altruismus in der Psychiatrie. Zwischen Hilfe und sozialer Kontrolle. In: BELLEBAUM, A.; BE-

CHER, H.J.; GREVEN, M.Th. (Hrsg.) (1985): Helfen und helfende Berufe als soziale Kontrolle. Westdeutscher Verlag, Opladen.

KRUSE, G. (1992): Praxisratgeber – Sozialpsychiatrie als integraler Bestandteil therapeutischer Konzepte. G. Fischer, Stuttgart.

KULENKAMPFF, C.; PICARD, W. (Hrsg.) (1989): Fortschritte und Veränderungen in der Versorgung psychisch Kranker. Ein internationaler Vergleich. Rheinland, Köln.

LINDEN, M.; LIPSKI, C.; PIETZCKER, A. (Hrsg.) (1985): Der schizophrene Patient in der Nervenarztpraxis. Thieme, Stuttgart.

LOCKOT, R. (1985): Erinnern und Durcharbeiten. Zur Geschichte der Psychoanalyse und Psychotherapie im Nationalsozialismus. Fischer, Frankfurt.

LUXENBURGER, H. (1930): Die Bedeutung der psychischen Hygiene (mental hygiene) für die Erbkrankheiten. *Archiv für Rassen- u. Gesellschaftsbiolog. einschl. Rassen- u. Gesellschaftshygiene* 24, S. 307-325.

MÜLLER, C. (1980): Diskussion II. In: SCHIMMELPENNING, G.W. (Hrsg.): a.a.O., S. 94-98.

NOËLL, E.C. (1971): Mobile Mental Health Units. *Medical Annals of the District of Columbia* 40, S. 617-618.

PASAMANICK, B.; SCARPITTI, F.; DIMITZ, S. (1967): Schizophrenics in the Community. An Experimental Study. Appelton-Century-Crofts, New York.

PASAMANICK, B. et al. (1964): Home versus Hospital Care for Schizophrenics. S. 177-181.

PIRELLA, A. (1987): Was den »Bedarf an Theorien« betrifft. Zur Lage der demokratischen Psychiatrie. In: HAUG, W.F.; PFEFFERER-WOLF, H. (Hrsg.): a.a.O., S. 37-51.

PITTRICH, W. (Hrsg.) (1984): Psychiatrie in Italien. Bericht über die Reise einer Kommission des Landschaftsverbandes Westfalen-Lippe. Info des Dachverbandes Psychosozialer Hilfsvereinigungen, Bonn.

PLOG, U. (1980): Therapie – Hilfe, Ersatz, Macht? In: PÖRKSEN, N. (Hrsg.) (1980): Therapie – Hilfe, Ersatz, Macht? Werkstattschriften zur Sozialpsychiatrie Bd. 30. Psychiatrie-Verlag, Rehburg-Loccum.

QUERIDO, A. (1968): The Shaping of Community Mental Health Care. *Brit. J. Psychiatry* 114, S. 293-302.

REDLICH, F.C. (1989): Versorgungskonzepte und Versorgungsstrategien für psychisch Kranke und Behinderte in den letzten zehn Jahren in den USA. In: KULENKAMPFF, C., PICARD, W. (Hrsg): a.a.O., S. 90-111.

RETTERSTÖL, N. (1980): Diskussion I. In: SCHIMMELPENNING, G.W. (Hrsg.) (1980): a.a.O., S. 47-57.

RUBACK, CH. (1985): Der Hausbesuch. Ein Beitrag zum Praxisbezug in der Sozialarbeiterausbildung. Nachrichtendienst des deutschen Vereins für öffentliche und private Fürsorge, 65, S. 50-51.

RUIZ, P.; VAZQUEZ, W.; VAZQUEZ, K. (1973): The Mobile Unit: A New Approach in Mental Health. *Community Mental Health J.* 9, S. 18-24.

RUPP, M. (1995): Notfall Seele. Thieme, Stuttgart.

SCHIMMELPENNING, G.W. (Hrsg.) (1980): Psychiatrische Verlaufsforschung. Methoden und Ergebnisse. Huber, Bern.

SCHMALZ, U. (1994): Rette mich wer kann. Psychiatrie-Verlag, Bonn.

SCHMIDT, P.-O. (1983): Asylierung oder psychiatrische Familienpflege. *Psychiat. Praxis* 10, 56-59.

SCHULSINGER, F. (1980): Diskussion I. In: SCHIMMELPENNING, G.W. (Hrsg): a.a.O., S. 47-57.

SCHWARTZ, F.W. et al. (1985): Bilder häufiger Erkrankungen im Spiegel der EVaS-Studie. Allgemeinmed. 14, S. 101-110.

SELVINI-PALAZZOLI, M. (1987): Kasuistische Supervision. In: STIERLIN, H.; SIMON, F.B. (1987): Familiäre Wirklichkeiten. Klett-Cotta, Stuttgart.

SIMON, F.B. (1980a): Die »Macht der Ohnmacht«. Kommunikationstheoretische Überlegungen zur »emanzipatorischen« Therapie. *Psychiatr. Praxis* 7, S. 90-96.

SIMON, F.B. (1980b): Familientherapie - Grundlage einer »sozialen Psychiatrie«. *Psychiatr. Praxis* 7, S. 195-198.

STOFFELS, H. (1985): Der Hausbesuch in der Sozialpsychiatrie. *Medizin, Mensch, Gesellschaft* 10, S. 187-196.

STOFFELS, H. (1987): Der mobile psychiatrische Dienst. In: HASELBECK, H.; MACHLEIDT, W.; STOFFELS, H.; TROSTDORF, D. (Hrsg.): Psychiatrie in Hannover. Enke, Stuttgart, S. 143-157.

STOFFELS, H. (1988): Widerstand und Autonomie. Ein Beitrag zur Psychotherapie der Schizophrenie. *Praxis der Psychoth. u. Psychosom.* 33, S. 292-301.

STOFFELS, H. (1995): Wie erreicht man den »unerreichbaren Patienten«? *Krankenhauspsychiatrie* 6, S. 49-52.

TÖLLE, R. (1987): Das Doppelgesicht von gemeindenaher Psychiatrie und Gemeindepsychiatrie. *Spektrum* 16, S. 91-95.

TRENCKMANN, K. (1989): Vom Unterschied der Sozialpsychiatrie in der BRD und der DDR. In: HIPPIUS, H.; LAUBER, H.; PLOOG, D.; BIEBER, H.; VAN HOUT, L. (Hrsg.): Rehabilitation in der Psychiatrie. Springer, Berlin.

UCHTENHAGEN, A. (1985): Der mobile psychiatrische Notdienst in Zürich. In: KATSCHNIG, H. et al. (Hrsg): a.a.O., S. 5-94 u. 141-148.

WALZ, K. (1946): Das System der Irrenfürsorge. In: LEIBBRAND, W. (Hrsg.): Um die Menschenrechte der Geisteskranken. Nürnberg.

WEBER, E. (1985): Nachgehende Behandlung schizophrener Patienten. In: LINDEN, M. et al., a.a.O., S. 30-33.

WEISBACH, W.-R. (1991): Hausbesuch im Wandel. Deutscher Ärzte-Verlag, Köln.

WING, J. K. (1982): Reasoning about Madness. In: WING, J.K. (1982) (Hrsg.): Soziale Psychiatrie. Springer, Berlin.

WINNICOTT, D. W. (1956): Klinische Varianten der Übertragung. Enthalten in: Von der Kinderheilkunde zur Psychoanalyse. Fischer, Frankfurt a.M. 1983, S. 222-229.

WOODBURY, M. A.; WOODBURY, M. (1969): Community-Centered Psychiatric Intervention: A Pilot Project in the 13th Arrondissement Paris. Am. J. Psychiat. 126, S. 619-625.

WULFF, E. (1981): Psychisches Leiden und Politik. Campus, Frankfurt a.M.

ZINTL-WIEGAND, A.; COOPER, B. (1979): Psychische Erkrankungen in der Allgemeinmedizin: eine Untersuchung in Mannheim. *Nervenarzt* 50, S. 352-359.

ZUTT, J. (1953): Über Daseinsordnungen. *Nervenarzt* 24, S. 119-124

Ulla Schmalz

Rette mich wer kann

Aus dem Alltag einer Psychiatrie-Schwester

Humorvoll und lebndig erzählt Ulla Schmalz von Lust und Frust einer Krankenschwester im Psychiatrischen Dienst: Von den unzähligen Litern Kaffee, die zum Aufbau einer »tragfähigen« Beziehung nötig sind, vom gemeinsamen Lachen, von Hausbesuchen, Kriseninterventionen, Zwangsräumungen und nicht zuletzt von der eigenen Rettungsbedürftigkeit, wenn der Job zu sehr unter die Haut geht.

»In dem Buch erfährt man sehr viel über die tägliche Arbeit im psychiatrischen Dienst. Und man lernt eine Menge darüber, wie psychische Krankheiten sich äußern und verlaufen und welche Konflikte für die Angehörigen, Nachbarn und Arbeitgeber eines Erkrankten entstehen können. Dadurch, daß Ulla Schmalz ihre Erlebnisse ganz konkret beschreibt, ist das Buch spannend und leicht zu lesen.« *Barbara Dobrick, NDR*

»Eine leseleichte Nachttisch-Alternative zu trockenen Sozialpsychiatrie-Referaten.« *Annette Stelzer, POM*

»Das Buch ist so richtig schön verrückt und besser als jedes Psychopharmakon!« *Bernd Müller, Seelenpresse*

ISBN 3-88414-153-8, 176 S., engl. Broschur, 24.80 DM, (23 sFr, 181 öS)

Günther Wienberg (Hg.)

Bevor es zu spät ist ...

Außerstationäre Krisenintervention und Notfallpsychiatrie – Standards und Modelle

Ambulant vor stationär – dieser Grundsatz scheint wie kein anderer sowohl in der psychosozialen wie in der psychiatrischen Versorgung unbegrenzt konsensfähig. Aber die Realität stellt sich heute immer noch ganz anders dar.

Gerade in Krisen und Notfällen steht kompetente außerstaionäre Hilfe kaum zur Verfügung: psychisch Kranke und ihre Angehörigen bleiben häufig dann ohne fachliche Unterstützung, wenn sie diese am nötigsten brauchen – nämlich bevor es zu spät ist...

Betroffene werden nach einem Suizidversuch ohne qualifizierte Beratung aus dem Krankenhaus entlassen, und psychiatrische Kliniken laufen Gefahr, aus Mangel an außerstationären Alternativen als Auffangbecken mißbraucht zu werden.

Das vorliegende Buch diskutiert Grundlagen und Umsetzungsprobleme und stellt zehn modellhafte Dienste im In- und Ausland vor.

ISBN 3-88414-143-0, 240 S., 29.80 DM

Die Bücher können Sie Buchhandel bekommen oder direkt bei uns. Wir schicken Ihnen auch gerne unser Gesamtverzeichnis:

Psychiatrie-Verlag • Thomas-Mann-Str. 49a • 53111 Bonn

Inhalt

Teil III

Anhang

Einleitung

Es mag sonderbar erscheinen, gerade in einer Zeit, in der es den guten alten Haus- und Familienarzt kaum noch gibt, ein Buch über dessen Domäne zu schreiben: den Hausbesuch. Ein ärztlicher Hausbesuch wird von den meisten Menschen eher als eine erschreckende Leistung erlebt, wenn nämlich mit Blaulicht und Martinshorn der Notarzt Einzug hält. Ansonsten regieren in der Medizin die Spezialisten und Fachärzte, so in Fachpraxen, Krankenhausabteilungen oder Labors.

Natürlich wollen wir nicht unterschlagen, daß auch heute noch ärztliche Hausbesuche durchgeführt werden. Nach statistischen Erhebungen sind es in der Bundesrepublik in einem Jahr sogar über 50 Millionen. Über 90 % dieser Hausbesuche entfallen auf Allgemeinärzte. Für diese ist der Hausbesuch eine Routinemaßnahme. Für den Facharzt hingegen stellt der Hausbesuch eine Seltenheit dar.

Bei den niedergelassenen Psychiatern sieht es nicht anders aus. Sie machen so gut wie keine Hausbesuche. Überraschend ist, daß dies in der »Nervenarztstudie« unverblümt mitgeteilt wird (vgl. BOCHNIK/KOCH 1990), denn diese Tatsache ist immerhin Wasser auf die Mühlen derjenigen, die den Ausbau von sozialpsychiatrischen Diensten und Institutsambulanzen an psychiatrischen Kliniken fordern.

Die Mitarbeiter sozialpsychiatrischer Dienste führen nachweislich viele Hausbesuche durch und begreifen dies als wesentlichen Bestandteil ihrer Arbeitsweise. Zudem ist die Mauer zwischen klinischer und ambulanter Psychiatrie inzwischen durchlässiger geworden, so daß es, nicht zuletzt dank der inzwischen besseren Personalausstattung, nun auch Klinikmitarbeitern möglich ist, Hausbesuche durchzuführen. Zwar geht es im Regelfall dann »nur« um Entlassungsvorbereitungen oder allgemeines Erkunden des Zuhauses, aber auch das will gelernt und bedacht sein. Es müssen nicht immer die dramatischen Hausbesuche der Krisenintervention sein.

Bei oberflächlicher Betrachtung erscheint der psychiatrische Hausbesuch als eher nebensächliches Detail der ambulanten Praxis. Schauen wir genauer hin, so erkennen wir bald, daß genau das Gegenteil zutrifft. Der Hausbesuch stellt in verdichteter Form die Quintessenz dieser Praxis dar. Er ist zentraler Bestandteil des therapeutischen Alltags, wenn folgende drei Leitideen beachtet werden:

- Psychiatrische Diagnostik und Behandlung hat stets das soziale Netzwerk, die Bereiche Familie, Wohnen, Arbeit und Freizeit, mit einzubeziehen.
- Der ambulanten Behandlung ist stets der Vorzug vor der stationär-klinischen zu geben. Ziel ist es, Krankenhausaufnahmen zu verhindern und die Verweildauer der Patienten in der Klinik zu verkürzen.
- Die ambulante psychiatrische Behandlung ist, wenn irgend möglich, in den extramuralen Bereich vorzuverlagern, also außerhalb der Klinikmauern, um dem Patienten dort zu begegnen, wo er natürlicherweise lebt.

Hinter diesen drei Leitideen steht die erklärte Absicht, auf verschiedenen Ebenen Nähe, sei sie räumlicher, sozialer oder persönlicher Art, zum Patienten herzustellen. Es geht um eine patientenorientierte, nicht um eine krankheitszentrierte Sichtweise.

Es ist richtig, wenn man feststellt, daß diese Sichtweise nicht nur für die Psychiatrie Gültigkeit besitzt. Sie betrifft die gesamte Medizin. Indem die Psychiatrie sich den genannten Leitideen verpflichtet, übernimmt sie stellvertretend für die nicht-psychiatrischen Fächer in der Medizin eine Vorreiterrolle. Sie sollte diese Aufgabe ernst nehmen und mit Selbstbewußtsein vertreten.

Während des Medizinstudiums haben wir in den unterschiedlichsten Fächern die unterschiedlichsten Behandlungsmethoden kennengelernt. In keiner Vorlesung hörten wir jedoch etwas darüber, wie ein Hausbesuch durchgeführt werden sollte, was es vorher und nachher zu bedenken gilt, mit welchen Effekten und Nebeneffekten gerechnet werden muß. Dabei handelt es sich beim Hausbesuch um einen »invasiven Eingriff«, der Komplikationen nach sich ziehen kann. Daß hierüber nichts an den Universitäten gelehrt wurde, wirft ein bezeichnendes Licht auf bestimmte Einseitigkeiten der medizinischen Sichtweise.

Es ist schon frappierend, daß selbst an den Fachhochschulen für Sozialarbeit nur an vereinzelten Stellen die Studenten etwas über die Methode des Hausbesuchs erfahren (vgl. Ruback 1985). Nach unserem Eindruck allerdings beginnt der Hausbesuch in der Ausbildung zur psychiatrischen Fachkrankenschwester eine größere Rolle zu spielen. Hier werden offenbar erste Erfahrungen zusammengetragen und diskutiert.

Die Krankenschwester Ulla Schmalz (1994) hat ihre Hausbesuchserfahrungen in dem Buch *Rette mich wer kann* publiziert. Darin werden nahezu alle Facetten möglicher Hausbesuchsvarianten am Beispiel einer einzigen Patientin beleuchtet, z. B.

der Hausbesuch mit oder ohne nachfolgende Zwangseinweisung, der willkommene, fast freundschaftliche und der abgelehnte, nahezu feindselige. Auch die Folgen solcher Interaktionen auf die Beziehung von Therapeutin und Patientin kommen in den je unterschiedlichen Aspekten zur Darstellung.

Um für die vielschichtigen Erfordernisse beim Hausbesuch zu sensibilisieren, erscheint es uns hilfreich und notwendig, im folgenden zunächst einige Gedanken einzuflechten, die grundlegende Aspekte zum Thema »Hausbesuche« voranstellen – denn wer will schon gerne mit der Tür »ins Haus fallen«?

Teil I

1 Wohnen und persönliche Autonomie

Es gehört zu den Grundbedürfnissen des Menschen, eine Wohnung oder in bestimmten Situationen doch mindestens »ein Dach über dem Kopf« zu haben. Keine Wohnung zu haben signalisiert eine besondere Form von Ort- und Heimatlosigkeit. Obdachlosigkeit ist stets mehr als materielle Armut.

Die anthropologische Schule der Psychiatrie hat dem Wohnen und den Wohnordnungen besondere Aufmerksamkeit gewidmet. Darauf können wir in unserem Zusammenhang zurückgreifen. Das Wohnen gilt als »Daseinsform«, die in der Psychose charakteristische Abwandlungen erfährt (vgl. ZUTT 1953, BOLLNOW 1963).

Indem wir wohnen, grenzen wir aus der unendlichen Weite der Welt einen uns bekannten, überschaubaren Raum ab. In unserer Wohnung treffen wir auf unsere eigene Welt, auf das, was uns vertraut ist, was uns keine Angst einflößt. Wände und Dächer signalisieren Grenzen. Sie schützen uns vor dem Unbekannten und Fremden, das »draußen« liegt. Der Wohnende will Herr im eigenen Haus sein, und er wird nicht jedem gestatten, sein Haus oder die Wohnung zu betreten.

Wie der menschliche Körper nur im lebendigen Austausch mit der Natur (Aufnahme von Luft, Wärme, Nahrung etc.) lebensfähig ist, so ist auch das Wohnen nur »lebendig«,

14

wenn ein Austausch zwischen Innen und Außen stattfindet. Wohnen bedeutet nicht Sich-Isolieren. Erst wenn die Haustür stets verschlossen und verriegelt bleibt, führt das Wohnen bald zum Vegetieren. Die Durchlässigkeit der Wohnungsgrenzen mit der Möglichkeit des Herausgehens und Hineinkommens ist eine Bedingung gelingenden Wohnens. Wird Wohnen vorwiegend unter dem Aspekt der Abwehr gesehen mit dem Ziel, das Eindringen von Fremden zu verhindern, verliert es seine Lebendigkeit und nimmt Züge von Borniertheit und Verstiegenheit an – etwa nach dem übersteigerten Motto »my home is my castle«.

Nichtsdestoweniger ist das Haus oder die Wohnung eine besonders schutzwürdige Zone. Man kann darauf verweisen, daß die gesetzliche Anerkennung dieses Schutzes zu den erkämpften Freiheits- und Autonomierechten von Bürgerinnen und Bürgern gehört. Daß die Wohnung und ihr Schutz einen besonderen Rang genießen, unterstreicht der Artikel 13 des Grundgesetzes der Bundesrepublik mit den Worten: »Die Wohnung ist unverletzlich«. Selbst staatlichen Instanzen ist es verwehrt, ohne Zustimmung des Hausherrn eine Wohnung zu betreten, es sei denn, daß unmittelbare Gefahr im Verzug ist. Derjenige, der die Autonomie des Hausherrn mißachtet und unerlaubt die Hausschwelle überschreitet, macht sich eines Vergehens, des »Hausfriedensbruchs« schuldig.

Der Grad, in dem die Wohnung gegenüber einer »Verletzung« für schutzwürdig gehalten wird, ist kultur- und gesellschaftsabhängig. Nicht zuletzt ist er bestimmt durch die geltende Eigentumsordnung. Je höher die Geltung individueller Freiheits- und Autonomierechte ist, um so mehr Respekt wird dem privaten Bereich gezollt. Ebenso gilt das Umgekehrte: je mehr der Mensch als Kollektiv-Wesen verstanden wird, um so geringer wird sein Anspruch bewertet, sich in seine »vier Wände« zurückzuziehen.

In der Psychose hat die Wohnung ihren bergenden und schützenden Charakter verloren. Der Psychotiker erlebt sich preisgegeben an einen Raum, der keine Grenzen hat. Die eigene Wohnung ist ihm nicht mehr vertraut. Sie wird zur Quelle der Angst. Gerade sie wird ihm unheimlich. Durch die Wände dringen die schädigenden Strahlen. Er hört die Gespräche feindlich gesonnener Nachbarn, und durch die abgedeckten Fenster treffen ihn herausfordernde Blicke. Vielleicht soll er getötet werden. Vielleicht sind die Steckdosen gefährliche Abhöranlagen, und vielleicht strömt schon tödliches Gas unter den Leisten hervor.

Nicht selten versucht der Kranke, die erlebte Entgrenzung seiner Wohnwelt rückgängig zu machen. Er baut beispielsweise materielle Sicherungen ein, kauft Schlösser und Riegel, *verbarrikadiert* sich. Er dichtet die Fenster ab und verklebt die Steckdosen an den Wänden. Aber sein Bemühen ist vordergründig, gewährt nur augenblicksweise Ruhe und Sicherheit und mündet in ein vom Wiederholungszwang bestimmtes und sich verstärkendes Abgrenzen. Der Hausbesucher wird, wenn er sich auf den Weg zu einem floride psychotisch Kranken macht, die veränderte Wohnordnung in immer neuen, aber auch typischen Variationen zu Gesicht bekommen.

Die Wohnung ist nicht immer verbarrikadiert. Nicht zwangsläufig wird der Hausbesucher als Feind und unerwünschter Eindringling angesehen. Manchmal wird er es auch erleben – und dies gelegentlich bei demselben Kranken –, wie er ohne jedes Zögern oder Bedenken in die Wohnung hineingelassen wird, als sei er im Grunde kein Fremder, sondern vertrauter Bestandteil der Eigenwelt des Patienten. Hier aber stellt gerade die Leichtigkeit, mit der der Übertritt über die Türschwelle gestattet wird, das Problem dar. Dies kann für den Kranken und für seine Angehörigen nicht minder große Probleme bereiten wie der Rückzug und die Verschlossenheit.

In einem solchen Fall wird der manisch veränderte Mensch möglicherweise auch den, den er gerade auf der Straße kennengelernt hat, ohne Vertrauensbeweis in seine Wohnung holen. Er meint, eines geschützten und abgegrenzten Innenraumes nicht zu bedürfen. Er wählt seine Gäste nicht aus und bemerkt nicht, wie tief er seine mit ihm zusammenlebenden Angehörigen verletzen kann. Weil die Trennung von Nähe und Ferne, Fremdheit und Vertrautheit, Innen und Außen dem Kranken durcheinander geraten ist, richtet er ein Chaos an, und es wird zur Aufgabe des professionellen Hausbesuchers, die Wohnordnung behutsam und energisch wieder herzustellen.

2 Hausbesuche: kein klarer Fall für den Psychiater

In früherer Zeit war es üblich, daß der Hausarzt die Familien aufsuchte. Dies war nicht nur in ländlichen Regionen der Fall und nicht nur dann, wenn der Patient nicht selbst in die Praxis kommen konnte.

Lag es daran, daß der Arzt zumeist über das beste Fortbewegungsmittel am Ort verfügte, sei es die Pferdekutsche oder das erste Automobil im Dorf? Machte die Entwicklung medizinisch-diagnostischer Apparaturen den Arzt immobil, weil er sie nicht mehr in jede Wohnung mittragen konnte? Spielt es eine Rolle, daß heutzutage der Arzt von Patienten überlaufen wird, die eigentlich nur an kleinen Malaisen und Befindlichkeitsstörungen leiden?

Jedenfalls vermochte der Hausarzt, der sich in der Wohnung des Kranken umsah und selbstverständlich mit den Angehörigen ins Gespräch kam, der von ihren Sorgen, Nöten und Problemen hörte, intuitiv Krankheiten in ganz anderen Zusammenhängen zu erfassen, als es Ärzten möglich ist, die in mehr oder weniger sterilen Praxen tätig sind. Diese Ärzte müssen heute erst durch Fortbildungsveranstaltungen und Balint-Gruppen darauf hingewiesen werden, ihr Augenmerk auch auf andere Aspekte als das reine Symptom zu lenken. Hingegen vermittelt jeder Hausbesuch eine Begegnung, die einen Lebensraum erschließt. Neue Wahrnehmungen werden möglich, die im schnellen Kontakt im Untersuchungszimmer der Praxis unter den Tisch fallen.

Die Reduzierung ärztlicher Wahrnehmungsmöglichkeiten hängt mit gesellschaftlichen Veränderungen zusammen. Die Vier-Generationen-Familie auf dem Bauernhof gibt es wohl fast nur noch als nostalgisch verklärtes Wunschbild. Entsprechend sarkastisch fällt die Schilderung der Gegenwart aus:

»Wenn auch das ›Haus‹, auf das der Arzt des Hauses zu Vorväters Zeiten sich bezog, zum leblosen Stadtrandwürfel oder zur isolierenden Wohnwabe verkümmert ist, wenn auch die Familie, für die der Arzt der Familie vor Zeiten eine intime Intuition hatte, zur a-generativen Kleingruppe für Verdienstsicherung und Freizeitnutz zusammensintert, so wirken doch die verknappten mitmenschlichen Netzwerke der Familie, der Wohn- und Arbeitswelt, der Nachbarlichkeit, des Vereins- und sonstigen geselligen Lebens nicht minder stark in das Krankheitsschicksal der Patienten hinein. Ja, eher stärker noch, da Krankheit, zumal chronische Krankheit, die schmaler gewordenen Auffangbasen mitmenschlichen Füreinander-Eintretens heute schneller überfordert.« (KISKER 1978)

Es gibt je nach Stadtteil und Wohnblock ganz unterschiedliche Strukturen von Nachbarschaft. Der Hausbesucher sollte um diese Strukturen wissen. Sie sind für den psychiatrischen Patienten, vor allem den chronischen, von großer und manchmal paradoxer Bedeutung.

Wir machten die Erfahrung, daß nachbarschaftliches Desinteresse eine hohe Toleranzschwelle bedeuten kann. Das Bedürfnis nach engen mitmenschlichen Kontakten führt nicht selten zur Ablehnung desjenigen, der als Sonderling empfunden wird. So ist das, was soziale Unterstützung ausmacht, auf den ersten Blick oft nicht sofort zu erkennen. So mag sich ein

19

chronisch Schizophrener in einer anonymen Wohnanlage leidlich wohlfühlen und in seinem isolierten Dahinleben auch geduldet sein. Ein Zuviel an Mitmenschlichkeit kann ihn in Bedrängnis bringen. Für einen Alkoholkranken mag diese soziale Konstellation hingegen pathogen sein. Sie fördert die Chronifizierung und Verschlimmerung seines Leidens, und manchmal ist dies gerade der Grund dafür, warum er eine solche Umgebung, wo niemand an seinem »Versacken« Anstoß nimmt, sucht.

Mancherorts finden Versuche statt, eine Renaissance der ärztlichen Hausbesuchstätigkeit in der allgemeinmedizinischen Praxis einzuleiten. Nach WEISBACH (1991) ist die Wahrnehmung psychosomatischer Zusammenhänge vorrangiges Anliegen eines jeden Hausbesuchs. Allein durch seine Anwesenheit kann der Arzt dem Kranken, insbesondere dem alten Menschen, Kraft geben und den Heilungsprozeß fördern. In der ehemaligen DDR gibt es laut Weisbach Untersuchungen, die belegen, daß Patienten, denen regelmäßig Hausbesuche zuteil geworden sind, durch diese Grundbetreuung über Jahre einen besseren Gesundheitszustand aufweisen als Nicht-Besuchte. Auch können vor allem in Kombination mit der häuslichen Krankenpflege Krankenhausaufenthalte verkürzt oder vermieden werden. Dieses Anliegen wird niemand bezweifeln wollen, denn ein Verbleiben in der gewohnten Umgebung ist sicher einem Hospitalaufenthalt gerade beim alten Menschen vorzuziehen.

So darf der Hausarzt sich ziemlich sicher sein, daß er bei seinen Hausbesuchen gern gesehen ist. Beim Psychiater ist das allerdings anders. Eher wird er mit Vorbehalten oder Zurückweisung zu rechnen haben, vor allem wenn er sich womöglich unaufgefordert aufdrängt und Einlaß in die Wohnung eines Kranken begehrt.

Worin besteht der grundlegende Unterschied zwischen einem hausärztlichen und einem psychiatrischen Hausbesuch?

Der Psychiater kommt, wenn es sich um einen schwierigen Hausbesuch bei einem krankheitsuneinsichtigen Patienten handelt, nicht selten in Begleitung eines weiteren Mitarbeiters, z.B. einer Krankenschwester oder eines Sozialarbeiters. Das unterstreicht den Amts- und Überfallcharakter des Besuchs und kann zusätzliche Abwehr provozieren. Schon der Gesunde ist gut beraten, keinen Fremden in die Wohnung zu lassen – geschweige denn zwei. Wenn die Besucher sich als Amtspersonen ausweisen (z.B. als Mitarbeiter eines Sozialpsychiatrischen Dienstes mit Hoheitsfunktionen), ist dies im doppelten Sinne keine vertrauenweckende Maßnahme. Welche Trickverbrecher hätten nicht irgendeinen Ausweis dabei, und von welchem Amt hätte man schon etwas Gutes zu erwarten?

Man sieht, der psychiatrische Hausbesucher hat es nicht leicht. Der Hausbesuch kann enden, bevor er überhaupt angefangen hat. Dann steht der Psychiater vor der verschlossenen Tür, und er muß unverrichteter Dinge wieder abziehen.

Merkwürdigerweise ist dies jedoch eher die Ausnahme. Zumeist wird man – manchmal zur eigenen Überraschung – in die Wohnung des Kranken hereingelassen. Liegt das daran, daß bei aller Gestörtheit des Patienten immer ein gesunder Anteil vorhanden ist, welcher sich in der vielleicht uneingestandenen Hoffnung auf Hilfe mit dem Hausbesucher verbündet? Oder ist dies bereits Ausdruck der besonderen Ich-Schwäche des Kranken, der sich nicht abgrenzen kann, dem es an sozialer Kompetenz mangelt, der nicht den Mut zur Zurückweisung aufbringt? Spielen hier auch Schichtprobleme eine Rolle? Sind nicht die Wohnungstüren der unteren sozialen Schichten offener als die Haustüren derjenigen, die in Villenvierteln wohnen?

3 Kleine Geschichte des Hausbesuchs

Geschichtliches Denken, sofern es sich nicht ins museale Abseits begibt, steht im Horizont aktueller Problemlagen und Fragestellungen. Die Psychiatrie hat nicht nur eine Geschichte, sie ist und lebt ihre Geschichte. Hat auch der psychiatrische Hausbesuch eine Historie? Ja, und wir denken, es lohnt sich, ihr nachzuspüren.

Erste Berichte über psychiatrische Hausbesuche entdecken wir um die Jahrhundertwende. Es ist die Zeit, als die neu gegründeten psychiatrischen Anstalten die selbstgestellten Aufgaben nach kurzer Zeit nicht mehr erfüllen konnten. Sie kämpften mit dem Problem der Überbelegung. Manche Psychiater glaubten an eine reale Zunahme von Geisteskrankheiten. Das rapide Ansteigen der Krankenzahlen in den Anstalten nötigte zu raschem Handeln. Man entwickelte Konzepte einer »extramuralen Psychiatrie«, nämlich einmal die »Familienpflege« und zum anderen die »Offene Fürsorge«.

Familienpflege, wie sie Sander 1884 in Berlin einführte, bedeutet die Betreuung eines Anstaltspatienten nicht in seiner Ursprungsfamilie, sondern in einer fremden, von der Anstalt ausgewählten Familie, die für die Aufnahme des Kranken in ihre häusliche Gemeinschaft entlohnt wird. Strenge vertragliche Regelungen zwischen der Pflegefamilie und der

Anstalt werden getroffen und sollen ein Ausnutzen des Kranken und seiner Arbeitskraft verhindern.

Vor dem Ersten Weltkrieg waren etwa 1,5 % der Anstaltspatienten in dieser »freieren Verpflegungsform« untergebracht. Mitte der 20er Jahre erlebte die Familienpflege einen erneuten Aufschwung. Einen Gipfel erreichte die Prozentzahl der Anstaltspatienten, welche in der Familienpflege untergebracht waren, 1932 mit 4,4 %. Wirtschaftliche und ideologische Gründe führten zu einem Niedergang der Familienpflege, und erst in jüngster Zeit werden die familienpflegerischen Ideen wieder aktiviert (vgl. SCHMIDT 1983).

Im Rahmen der »Familienpflege« wurden regelmäßig psychiatrische Hausbesuche durchgeführt. Meist unternahm sie die Fürsorgerin oder ein Arzt, der von der Anstalt speziell beauftragt war. Die Hausbesuche wurden nicht von den betroffenen Patienten angefordert. Vielmehr dienten sie in erster Linie der Aufsicht und Kontrolle und erfolgten in regelmäßigen Abständen. Gewiß ging es bei diesen Hausbesuchen um den Patienten und sein Befinden, aber in erster Linie sollte auch die Pflegefamilie überwacht werden, ob sie den Kranken gut behandelte. Über das, was sie bei ihren Besuchen in Zürich und Umgebung über Jahrzehnte erlebte, hat CHRISTEN (1976) einen spannenden Erlebnisbericht gegeben.

Nach dem Ersten Weltkrieg geriet ein weiteres Projekt der extramuralen Psychiatrie in den Vordergrund, nämlich die im Gegensatz zur »geschlossenen Anstaltsfürsorge« konzipierte »Offene Irrenfürsorge«. Zweifellos ist diese Einrichtung ein Vorläufer unserer heutigen mobilen sozialpsychiatrischen Dienste. Schon damals wurde die frühzeitige Entlassung des Patienten aus dem psychiatrischen Krankenhaus empfohlen, wenn die offene Fürsorgestelle zusicherte, bald nach der Entlassung den ersten Hausbesuch beim Kranken durchzuführen. Jede Entlassung beinhaltete ein Risiko. Durch die Zusage des aufsuchenden Dienstes konnte dieses Risiko sehr viel leichter eingegangen werden. Der Hausbesuch sollte prüfen, wie der Kranke auf die Entlassung reagiert hatte, wie die häuslichen Verhältnisse beschaffen waren, mit welchen Familienangehörigen er zusammen lebte und ob eine gedeihliche Entwicklung erwartet werden konnte. Wie selbstkritisch und zurückhaltend das Instrument des psychiatrischen Hausbesuchs – zumindest in der Theorie – von der Offenen Irrenfürsorge eingesetzt wurde, belegt ein Zitat von KOLB aus dem Jahre 1908. Kolb (1870-1938) gilt als einer der Väter der »Offenen Irrenfürsorge«.

Vom Mitarbeiter des Außendienstes forderte er, daß »er sich bei entlassenen Kranken stets fragen (muß): schade ich durch meinen Besuch dem früheren Kranken, seinem Rufe, seinem Zustand nicht mehr als ich nütze, er muß über entlassene Kranke in der Regel nur Erkundigungen einziehen und einen Besuch nur dann machen, wenn er weiß, daß er willkommen und sein Kommen zweckmäßig ist; er muß Selbstzucht genug besitzen, nicht auf einmal, sondern schrittweise in logisch fortschreitender Entwicklung, reformieren zu wollen, die Rechte Dritter – auch wenn sie zu seinen psychiatrischen Ideen nicht passen – zu achten, kurz, er darf nicht den Beamten hervorkehren, sondern er muß sich als Arzt, als Berater fühlen und als solcher auftreten«. (KOLB 1908)

Kolb stieß bei seinen psychiatrischen Kollegen auf Skepsis und Ablehnung. Er selbst nahm hiervon ausdrücklich Emil Kraepelin aus, der angeblich ein »warmer Freund der Offenen Fürsorge« gewesen sei. Zuletzt gelang es Kolb, seine Reformideen in Erlangen unter dem Motto »Psychiater, raus aus dem Turm!« weitgehend umzusetzen. Dies hatte auch unmittelbare Auswirkungen auf das Milieu des Krankenhauses. Ein früherer Mitarbeiter hat dies eindrucksvoll geschildert. Er beschreibt Veränderungen, von denen man heute glaubt, sie seien allein auf die Einführung somatischer Behandlungsverfahren (z. B. der Neuroleptika) zurückzuführen:

»Vollkommen beherrscht von dem Fürsorgegedanken für die Kranken wirkte der Einzug Kolbs hier fast revolutionierend. Die alte 1816 errichtete, geschlossene Erlanger Anstalt mit ihrem Korridor-System führte noch einen ›Dornröschenschlaf‹. Die Kranken wurden hier lediglich verwahrt. Behandlungen durch Krankenbeschäftigung wurden kaum betrieben. Familienpflege gab es nicht. Von der Isolierung in den zahlreichen Zellen, von leichten Zwangsmitteln wie feste Handschuhe, Ledermuffe, Zwangsjacken wurde noch weitgehend Gebrauch gemacht. Dies alles verschwand. Die Kranken bekamen alle nur möglichen Freiheiten. Die Zellen wurden geleert, Leute, die bisher als ›überaus gefährlich‹ dauernd isoliert waren, kamen ins Freie und wurden sogar als Arbeitskräfte im Garten beschäftigt.« (WALZ 1946, S. 95)

Es gehört zu den historischen Paradoxien jener Zeit, daß das freiheitliche Konzept der Offenen Fürsorge, das auf die psychiatrischen Behandlungsformen »revolutionierend« wirkte, gleichzeitig eine Gegenläufigkeit entfaltete, die das ursprüngliche Konzept untergrub. Schon Ende der 20er Jahre ist eine charakteristische Akzentverschiebung zu erkennen. Die Aufgaben des externen Dienstes werden zunehmend in einer aktiven und expansiven Kontrolle gesehen. Die Entlassung des Anstaltspatienten wird wie die Entlassung des Kriminellen aus dem Gefängnis gehandhabt, lediglich mit dem Unterschied, daß beim Kranken die Bewährungszeit unbefristet ist. Als die Ideen einer psychischen und sozialen Hygiene in den Hintergrund gedrängt wurden und den »modernen«

Ideen einer »Erb-Hygiene« Platz machen mußten, kam es zu einem Funktionswandel der Offenen Fürsorge, die nicht mehr das individuelle Wohl und individuelle Recht des Kranken im Auge hatte. Sie stellte sich über weite Strecken in den Dienst einer biologisch definierten, kollektiven Gesundheit. So kam es, daß die Offene Irrenfürsorge bei der Durchführung des Zwangssterilisationsgesetzes eine große Rolle spielte. Bei LOCKOT (1985, S. 224) lesen wir von einem Fall, bei dem der psychiatrische Gutachter am Erbgesundheitsgericht seine diagnostische Verantwortung so ernst nahm, daß er sich eines Hilfsmittels bediente: Er suchte den angezeigten Kranken unangemeldet an seiner Arbeitsstelle auf. Denn, so schreibt er, eine Prüfung an Ort und Stelle in der gewohnten häuslichen Umgebung oder an seinem Arbeitsplatz gewähre einen viel besseren Einblick in die wirkliche Geistesbeschaffenheit und Leistungsfähigkeit des Kranken als die diagnostische Untersuchung in den Amtsstuben.

Zur Psychoanalyse des Hausbesuchs

Der Hausbesuch war bislang weder Gegenstand psychoanalytischer Reflexion, noch gehört er zum Repertoire psychoanalytischer Therapieverfahren. In den Lehrbüchern über die Standardtherapien wird man im Stichwortverzeichnis den Terminus »Hausbesuch« vergebens suchen.

Das ist im Grunde nicht verwunderlich. In der Regel wird das psychoanalytische Behandlungsverfahren nur für eine Gruppe von leichter Kranken, von Neurotikern, angewendet. Die Indikation zur psychoanalytischen Behandlung wird nur bei solchen Patienten bejaht, welche über eine gewisse Ich-Stärke und Therapiemotivation verfügen. Es werden in

der Praxis des Analytikers feste Sprechstundenzeiten vereinbart. Nimmt der Patient diese Sprechzeiten nicht wahr, wird
eine entscheidende Voraussetzung für das Behandlungsverfahren hinfällig und die Therapie möglicherweise abgebro-
chen.

Sollte der Psychoanalytiker während einer Behandlung
oder bei drohendem Abbruch einer Behandlung einen Hausbesuch bei seinem Patienten durchführen, so führt dies eine
Situation herbei, die nicht vorgesehen ist. Sie ist aus psychoanalytischer Sicht »unmöglich«. Ein »nachgehender« Analytiker zerstört sein eigenes professionelles Setting, er wird sich
möglicherweise kritische Fragen in der Supervision stellen
lassen müssen. Etwa: Welche Form der Gegenübertragung
liegt hier vor? Kann der Hausbesuch als Resultat des Agie-
rens bzw. Mit-Agierens des Therapeuten verstanden werden?
Wenn der Analytiker durch einen Hausbesuch einen Thera-
pieabbruch abwenden will, müßte er sich fragen lassen, ob er
sich u.U. kränkende Erfahrungen von Trennung, Abwertung
und Abschied ersparen will. Woher stammen die womöglich
übertriebenen Ängste des Therapeuten, der bei Abwendung
eines Patienten sogleich vermutet, daß dieser schwach und
hilflos sei und ohne ihn nicht mehr zurechtkomme?

Die Frage, wie weit der Psychoanalytiker gehen darf, hat
schon mehrere Generationen von psychoanalytischen Therapeuten beschäftigt. Wo liegen die Grenzen, die nicht überschritten werden dürfen?

In unserem Zusammenhang ist die Tatsache von gewissem
Reiz, daß erst durch Hausbesuche der Kontakt zu den Pati-
enten, an denen vor über hundert Jahren das psychoanalytische
Behandlungsverfahren entwickelt wurde, zustande kam.
Dies können wir in den »Studien über Hysterie« (1889) ge-
nauer nachlesen. BREUER suchte Anna O. in ihrem Eltern-

haus auf, und dort fand auch die »talking-cure« statt. Auch FREUD machte – in einem Fall wohl auf Bitten der Angehörigen, im anderen eines befreundeten Kollegen – »Hausbesuche bei Emmy v. N. und Elisabeth v. R«. Nicht die Berggasse 19 in Wien, sondern die Wohnung der Kranken kann als der Ort bezeichnet werden, an dem die bedeutenden psychoanalytischen Entdeckungen gemacht wurden.

FREUD hat den situativen Bedingungen seiner Entdeckungen wenig Aufmerksamkeit geschenkt. Daß das Ritual des ärztlichen Besuchs, das vertrauliche Gespräch unter vier Augen, die Entkleidung in der eigenen Wohnung, die eingehende ärztliche Untersuchung des unbekleideten Körpers eine über das Sachlich-Ärztliche hinausgehende Beziehungsdimension aufbauen und erhalten kann, wird heute, sicher anders als im Viktorianischen Zeitalter, kaum noch geleugnet werden. Gerade die »Übertragung«, die für die psychoanalytische Behandlung von so großer Bedeutung ist, war im Hausbesuchs-Setting angelegt. Der Arzt, im medizinisch-therapeutischen Auftrag handelnd, bekam vom Patienten die Funktion eines privat-persönlichen Vertrauten zugesprochen. Dies lag um so näher, als der Arzt auch im privat-persönlichen Bereich der Wohnung des Kranken in Erscheinung trat. Um so leichter konnte eine Beziehung entstehen, die von vergangenen Situationen und frühen Leidenschaften bestimmt war. Durch das Hausbesuchs-Setting vermischten sich reale und phantasierte Beziehung.

Es ist sehr hilfreich, wenn wir mit CREMERIUS (1979) zwei unterschiedliche psychoanalytische Behandlungsverfahren unterscheiden. CREMERIUS nennt das eine Verfahren die »paternistische Einsichtstherapie«, das andere die »mütterliche Holding-Therapie«. Die »mütterlichen« Therapieformen nehmen ihren Ausgang nicht bei Freud, sondern bei Ferenczi, der in den Jahren 1929 bis 1932 verschiedene therapeutische Experimente durchführte und die »aktive Technik« entwickelte. Wir wissen, daß Ferenczi so weit ging, auch Patienten in seinen Ferienort mitzunehmen, um die Behandlung nicht unterbrechen zu müssen.

Der Kinderanalytiker WINNICOTT stellte sich in die Tradition von Ferenczi. Er prägte den Begriff der »holding-function« des Therapeuten. Eine tragende, beschützende und bergende Haltung sei insbesondere bei solchen Patienten indiziert, deren Störungen tiefergehender seien als bei den Neurosen (WINNICOTT 1956). Die kinderanalytischen Erfahrungen führten nicht nur zur Modifikation der psychoanalytischen Technik, sondern gewannen auch Einfluß auf die Säuglingspflege. Das mütterliche Fürsorgeverhalten veränderte sich. Die überlieferten Regeln der Mutter-Kind-Interaktion wurden nicht mehr befolgt. Während früher das Stillen und Füttern des Kindes in einem strengen Rhythmus nach festgelegten Zeiten erfolgte, so setzte sich allmählich die Auffassung durch, daß die junge Mutter ihren Säugling, wenn er schreit, sofort aufsuchen, auf den Arm nehmen und beruhigen solle. Andernfalls bestünde die Gefahr, daß sich im Kleinkind Gefühle von Verlassenheit oder von Vernichtungsangst tief eingraben würden. WINNICOTT (1956, S. 224) schreibt:

»Wenn jedoch die Umwelt (d. h. die Mutter) ihre Aufgabe, sich aktiv anzupassen, verfehlt, wird das jedes Mal automatisch als Übergriff registriert, als etwas, was die Kontinuität des Seins unterbricht, eben jenes Seins, das sich, wenn es nicht gestört worden wäre, zum Ich des sich differenzierenden Menschen entwickelt hätte.«

Wird das Kind älter und lernt, sich zu bewegen und zu laufen, so werden die Reaktionen der Mutter auf das Rufen und Schreien ihres Kindes abgestufter ausfallen. Ab und zu wird sie abwarten, um schließlich das Kind aufzufordern, selbst zu ihr zu kommen. Geschieht dies im rechten Augenblick, so ist eine große Strecke auf dem Wege zu Autonomie und Eigeninitiative zurückgelegt worden.

Unser Exkurs in die Entwicklungspsychologie soll mögliche Defizite jener Patienten erhellen, die in typischer Weise zur psychiatrischen Hausbesuchsklientel gehören. Es sind jene Patienten, die einen schweren, wenn auch nicht zwingend kindlichen Autonomieverlust erlitten haben. Ihre Störungen reichen in die »materielle Realität« (Arbeit, Wohnung) hinein. Ihre Ich-Struktur ist so weit beschädigt, daß basale Entscheidungsprozesse (z. B. selbständiges Kommen und Gehen) beeinträchtigt sind. Bei ihnen steht nicht die Frage des »Wie« von mitmenschlicher Kommunikation im Vordergrund, sondern hier dreht es sich um die Frage, ob überhaupt Möglichkeiten von Kooperation und Kommunikation hergestellt werden können.

Eine neuere Betrachtungsweise: der systemische Ansatz

Systemisches Denken, wie es sich im Bereich der Familientherapie durchgesetzt hat, relativiert das Ursache-Wirkung-Denken. Gesucht wird nach Regeln, die den Lebensprozessen zugrunde liegen, welche als kreisförmig, sich wechselseitig beeinflussend, eben »systemisch« gedacht werden. Grundannahmen wissenschaftlicher Disziplinen, z. B. das Faktum psychiatrischer Krankheit, werden in ein neues Licht gerückt. Faktizität wird in sich fraglich, gleichsam »aufgeweicht« und »verflüssigt«.

Der systemische Ansatz geht davon aus, daß psychiatrische Störungen beim Patienten Indikatoren sind für gestörte Kommunikationsweisen in seiner näheren und weiteren Umgebung. Im Patienten kommt die »Störung« des Systems zum Ausdruck. Wenn ein Kranker in eine Klinik gebracht wird, hat aus systemischer Sicht die individuumzentrierte Sichtweise gesiegt: der Index-Patient wird als krank definiert, während sich seine Umgebung als gesund und entschuldigt fühlen kann. Die Hospitalisation, so lesen wir, sei als Endstrecke eines Delegationsprozesses aufzufassen, wodurch systemisch-therapeutisches Arbeiten nahezu unmöglich wird. Bei SIMON (1980 b, S. 196) heißt es:

»Die Klinik definiert durch ihre Organisationsform stets das Individuum als gestörtes System, alles andere sind mehr oder weniger unspezifische Umweltfaktoren. In der ambulanten Versorgung wird jedoch jeder Hausbesuch deutlich machen, daß das Verhalten des Patienten nicht nur Wirkungen auf seine Bezugspersonen hat, sondern auch umgekehrt.«

Der psychiatrische Hausbesuch vermag nicht nur systemische Sichtweisen zu verdeutlichen, er kann auch einem systemischen Verstehen selbst zugänglich gemacht werden. Auf ihn trifft der Leitgedanke des systemischen Paradigmas, daß wir nicht die Freiheit haben, nicht zu kommunizieren, in besonderer Weise zu. Der Hausbesucher ist involviert in das Geschehen, das er beeinflussen will. Dies zeigt bereits die Initialsituation des Hausbesuchs. Auf der Suche nach einer Antwort auf die Frage, wie ein psychiatrischer Hausbesuch eigentlich zustande kommt, wer die »Ursache« dieses Interaktionsgeschehens ist, zeigt sich alsbald, daß niemand exakt sagen kann, wer eigentlich angefangen hat.

Vordergründig ist stets der Patient die Ursache für den Hausbesuch. Seine »Krise« und seine »Symptome« veranlassen ihn oder seine Nächsten, einen Experten herbeizurufen. Was bedeutet es, wenn wir feststellen, daß Krise und Symptomatik immer in eine Beziehungsrealität eingebettet sind, an der viele andere (Angehörige, Nachbarn, Freunde etc.) mitwirken? Halten wir zunächst fest, daß diese beteiligten anderen immer über bestimmte Strategien und Handlungsmöglichkeiten verfügen, eine Krise zu bewältigen. Der Ruf nach dem Experten entsteht erst dann, wenn die bisherigen Lösungs- und Schlichtungsstrategien versagen und die Kompensationen des Systems nicht mehr greifen. Nicht unbedingt der Patient verlangt, daß ein Psychiater hinzugezogen wird, sondern das dekompensierte, gestörte System.

Stellen wir uns eine akute familiäre Krisensituation vor. Ein Familienmitglied äußert suizidale Gedanken, läßt sich nicht beruhigen, will sogar zur Tat schreiten. Alle wissen nicht mehr ein noch aus. Jetzt kann nur noch ein Außenstehender helfen. Der herbeigerufene Experte wird gegenüber dem »dekompensierten System« in die Rolle eines »deus ex machina« gedrängt. In der Tat vermag er als vermeintlich Außenstehender eine »Lösung« durchzusetzen. Er muß allerdings bereit sein, für diese »Lösung« Verantwortung und Schuld auf sich zu nehmen. Dies ist vor allem evident, wenn er eine (evtl. zwangsweise) Einweisung ins psychiatrische Krankenhaus veranlaßt oder wenn er umgekehrt die familiäre Situation weiterhin als »tragbar« beurteilt. SIMON (1980) hat auf typische, widersprüchliche Bestrebungen in der Familie mit einem schizophrenen Mitglied bei solchen Krisenfällen hingewiesen. Die Ambivalenz des Systems drückt sich in dem Wunsch aus, zusammenzuhalten und zusammenzubleiben, was auch immer passieren möge, und in dem gleichzeitig entgegengesetzten Wunsch nach rascher Trennung und Beendigung der untragbaren Situation. Indem ein Dritter, der

Hausbesucher, entscheidet, kann die Familie die beiden Seiten ihrer Ambivalenz zunächst weiter aufrechterhalten.

In der Langzeitbetreuung liegen die Verhältnisse anders. Der Hausbesucher wird nur bedingt als jemand verstanden, der außerhalb des Systems steht. Er wird vielmehr als fester Bestandteil des Beziehungssystems in Anspruch genommen. Schon nach kurzer Zeit kann sich eine unselige Symbiose zwischen dem Kranken und seinem Therapeuten entwickeln, »ein Spiel, bei dem der eine die Rolle des ›Versorgers‹, der andere die des ›Versorgten‹ übernimmt« (SIMON 1980). Wenn an der Rollenzuweisung starr festgehalten wird, besitzt dieses System keine Entwicklungsmöglichkeiten. Der Patient wird als unbehandelbar eingeschätzt, als jemand, der nur noch umsorgt und versorgt werden kann. Damit ist auch ein bestimmtes Machtverhältnis festgeschrieben, das unausgesprochen bleibt. Es hat sich ein Betreuer-Patient-System entwickelt, welches einer für Familien mit einem schizophrenen Mitglied typischen Regel folgt: »Die Beziehung zwischen den beteiligten Personen darf nie definiert werden« (vgl. SELVINI-PALAZZOLI 1987).

Wir wollen den psychiatrischen Hausbesuch unter einem weiteren Gesichtspunkt betrachten, auf den N. Luhmann hingewiesen hat. Alle mitmenschlichen Beziehungen basieren auf einem bestimmten Maß an Vertrauen. Vertrauen stellt, so sagt Luhmann, einen »Mechanismus« dar, um die Komplexität in einer Beziehung zu reduzieren. Tritt bei einem Kranken eine akute Krise auf (z. B. in Form einer psychotischen Abwandlung) und die Angehörigen scheitern in ihrem Bemühen, ihn zu beruhigen und zu besänftigen, so schwindet das Vertrauen in der Beziehung. An seine Stelle treten Angst und Mißtrauen. Es entwickelt sich eine Atmosphäre des Verdachts, in der dem Kranken nun alles zugetraut wird: daß er gemeingefährlich wird und jemanden verletzen oder umbringen könnte, daß er suizidal wird, einfach wegläuft etc. Es kommt zu einer Inflation bedrohlicher Möglichkeiten, und die Angehörigen werden vom herbeigerufenen Psychiater verlangen, die geweckten Befürchtungen einzudämmen, am besten dadurch, daß der Kranke hinter Schloß und Riegel verbracht wird. Wie kann der Hausbesucher dem entgegenwirken? Wodurch kann er den eingetretenen Vertrauensverlust ausgleichen? In den Augen der Angehörigen kann er die gestellte Aufgabe nur meistern, wenn er bereit ist, den Vertrauensverlust durch die Ausübung maximaler Kontrolle zu kompensieren. Das muß nicht immer eine Zwangseinweisung sein. Es kann auch in der Zusicherung bestehen, tägliche Kontakte zum Patienten herzustellen. Jedenfalls muß er in die Situation wirklich hineintreten und sich in die Pflicht und Verantwortung nehmen lassen.

Der mit Vorsorge- und Nachsorgeaufgaben befaßte psychiatrische Hausbesucher wird sich der Aufgabe der Kontrolle nicht in jedem Fall entziehen können. Es ist ja sein Ziel, den Kranken möglichst in seiner vertrauten Umgebung zu belassen, obwohl dieser eine Grundlage des Zusammenlebens, nämlich das Vertrauen, erschüttert hat. Aber hier tut sich ein Spannungsfeld auf. Individuelle und kollektive Bedürfnisse werden auf den Hausbesucher Druck ausüben, und er wird nicht selten selbst in Widersprüche geraten. Gerade dann, wenn er seinem Ziel treu bleiben will, nämlich dem Patienten eine Hospitalisation zu ersparen und ihm Freiheitsraum zu garantieren, tut sich eine Beziehungsfalle auf durch die kaum abweisbare Nötigung, mit steter Kontrolle und Überwachung den therapeutisch eroberten Freiheitsraum selbst wieder einzuschränken.

4 Bestandteile des psychiatrischen Hausbesuchs

Was ist ein psychiatrischer Hausbesuch? Nichts scheint leichter, als diese Frage zu beantworten. Wenn ein Psychiater oder ein Mitarbeiter eines psychiatrischen Teams (Sozialarbeiter, Krankenpfleger, Psychologe etc.) einen psychisch Kranken im Rahmen seiner Berufsausübung zu Hause aufsucht, sprechen wir von einem psychiatrischen Hausbesuch. Bedeutsam ist, daß der Hausbesucher nicht als Privatperson handelt, geleitet von persönlichen Vorlieben oder Zufälligkeiten, sondern in ärztlich-therapeutisch-fürsorgerischem Auftrag. Der Hausbesuch ist durch diesen Auftrag definiert. Der Hausbesucher muß sich daran halten, er handelt als Delegierter und muß seinen Auftrag stets im Auge behalten.

Zu dieser Definition des psychiatrischen Hausbesuchs gehört es, daß die Beziehung zwischen Besuchtem und Besucher durch eine Asymmetrie gekennzeichnet ist. Niemand sollte verleugnen, daß der Patient sich gegenüber dem Besucher in einem Abhängigkeitsverhältnis befindet. Es ist nicht so, daß hier – wie etwa beim Besuch eines Freundes oder Nachbarn – Kontakt auf der gleichen Ebene zustande kommt. Dem Patienten wird es beispielsweise in der Regel nicht in den Sinn kommen, den Hausbesucher ebenfalls in dessen Wohnung aufzusuchen. Solche Gegenseitigkeit ist nur im Rahmen privater Freundschaft oder Bekanntschaft üblich. Äußert der Patient ein solches Ansinnen, wird es als unangemessen, als Verleugnung der situationsbedingten Asymmetrie zurückgewiesen.

Zweifellos besteht bei vielen Mitarbeitern eines psychiatrischen Teams eine Scheu, das Hospital oder die Ambulanz zu verlassen. Der institutionelle Rahmen gewährt Schutz, Orientierung und eindeutige Rollenzuweisung. Der Verlust professioneller Attribute (z. B. weißer Kittel), aber insbesondere auch der Verzicht auf den »Heimvorteil« können Angst und Unsicherheit induzieren. Die Machtfrage stellt sich neu, denn jetzt sind der Patient und der anwesende Angehörige die Hausherren und verfügen über das Hausrecht. Neue kommunikative Regeln schieben sich in den Vordergrund und relativieren die Regeln eines professionell-therapeutischen Gesprächs. Der Hausbesucher kann der Versuchung erliegen, seine professionelle Rolle ganz abstreifen zu wollen, um sich als Freund oder guter Bekannter anzubieten bzw. anzubiedern.

Wir werden darauf später zurückkommen. Sicher ist, daß der Hausbesucher, ob er es will oder nicht, in vielfältige Rollenspiele verstrickt wird. Sie machen die Essenz der therapeutischen Beziehung aus. Mal wird er in die Rolle des Gesundheitspolizisten oder des schützenden großen Bruders, mal in die des guten Onkels oder der invasiven Mutter, mal des aufdringlichen Nachbarn oder auch in die des Dienstboten gedrängt. Auf der anderen Seite steht der besuchte Patient. Seine Rolle ist komplementär gebaut. Er ist unschuldiges Opfer, hilfsbedürftiges Kind, zu maßregelnder Tunichtgut. Die Komplementärrollen sind Legion. Manchmal erscheint der Patient sogar als ein Potentat, dem der Besucher seine Aufwartung macht.

Der psychiatrische Hausbesuch unterliegt Regeln, die im üblichen Umgang von Patient und Therapeut nicht ohne weiteres vorfindbar sind. Einen Hinweis auf diese Regeln gibt die häufig geäußerte Empfehlung, daß der Hausbesuch von »Takt« bestimmt sein soll. Das, was im Verhältnis vom Besucher zum Besuchten den »Takt« ausmacht, ist in einem ungeschriebenen, für die jeweilige Kultur spezifischen Kanon von Rechten und Pflichten festgeschrieben, nämlich im Gastrecht. Hier sind die Regeln des Gebens und Nehmens festgelegt, die es dem Gast erleichtern sollen, sich im Hause des Gastgebers wohlzufühlen, die aber auch umgekehrt auf die Belange und Rechte des Hausherrn verweisen.

Wir sprechen von einem Besucher als Gast, wenn er im Hause des Besuchten zu einem Nehmenden wird, vornehmlich von Getränken, Speisen oder auch von Logis. Der Gastgeber kann sich generös und großherzig zeigen, aber auch ungastlich verhalten. Das Gastrecht verlangt, daß der Besucher, solange er im Status des Gastes verbleibt, besondere Aufmerksamkeit und besonderen Schutz genießt. Dies ist der Grund, warum es zu den ersten Pflichten des Besuchers gehört, sich zu fragen, ob der Zeitpunkt seines Besuchs gut gewählt und ob er willkommen ist. Ähnlich prüfend wird er den Zeitpunkt für das Ende seines Besuchs festlegen, um nicht in die Rolle des »unerwünschten Gastes« zu geraten.

Sieht sich der psychiatrische Hausbesucher als willkommener Gast, was etwa daran erkenntlich wird, daß ihm die Tür aufgehalten und ihm ein Platz zum Sitzen angeboten wird, erfährt die eingangs analysierte Asymmetrie im Verhältnis von Patient und Therapeut eine Relativierung. Die Beziehung wird um eine Dimension erweitert, gewinnt einen Freiheitsgrad hinzu. Sie wird von einer Ebene, die wir die *reale* nennen können, in eine eher spielerische Ebene transportiert. Jetzt ist der, der den Besuch empfängt, der Aktive, der etwas gibt. Durch die Umkehr der Aktivitätsrichtung mildert sich das professionelle Beziehungsgefälle, mildert sich womöglich auch das manchmal schlechte Gewissen des besuchten Patienten, der demjenigen, der sich aufgemacht hat, um ihm zu helfen, nichts schuldig bleiben will.

Das Rollenspiel von Gast und Gastgeber im Rahmen des Krankenbesuchs ist ein Beispiel für die Möglichkeit, eine von professionellen Zielsetzungen bestimmte Beziehung persönlich zu gestalten, sie aus einer Sterilität zu befreien und Kulissenphänomene mit einzubeziehen. Wenn wir von »Rollenspiel« sprechen, meinen wir hiermit nicht ein unernstes, gekünsteltes Tun-als-Ob. Das Betonen des Spielerischen soll auf vermehrte Freiheitsgrade hinweisen. Das soll nicht dazu führen, die professionelle Beziehung zu umgehen oder gar zu verleugnen. Die »spielerischen« Überlagerungen gehören zur Essenz der professionellen Beziehung. Sie sind nicht wegzudenken, gewiß aber aufzuhellen und aufzuklären. Eine überlagerungsfreie Beziehung ohne die Dimension des Spiels, allein begründet in der Sachlichkeit des professionellen Auftrags, das wäre eine unlebendige und gleichsam tote Beziehung.

In der Psychiatrie ist der Kranke dadurch definiert, daß er seelisch krank ist und nicht etwa an körperlichen Gebrechen, an einem Fieber, einer Gehbehinderung leidet, die ihn aufs Krankenbett zwingen und daran hindern, seinen Arzt aufzusuchen. Mithin ist der psychiatrisch Kranke, so könnte man annehmen, stets in der Lage, zur Zeit der ambulanten Sprechstunde in die Praxis des Arztes zu kommen.

Aber dies wäre eine vordergründige Sichtweise. Sie trifft nicht für den Patienten zu, der an einer schweren psychischen Krankheit leidet. Schwere psychische Krankheit bedeutet einen inneren Freiheitsverlust. In gravierenden Fällen ist der Patient daran gehindert, seinen autonomen Willen zu äußern.

Seine Bedürfnisse und Interessen, die seiner Selbst-, Lebens- und Umwelterhaltung dienen, kann er nicht geltend machen. Er sucht nicht die Unterstützung, die Hilfe, die Behandlung, das Gespräch, die er bräuchte, nicht, weil er nicht will, sondern weil er nicht wollen kann.

Diese Überlegungen sind keine Spitzfindigkeiten. Sie machen deutlich, daß der aufsuchende und nachgehende Therapeut die Indikation für einen Hausbesuch sorgfältig abwägend stellen muß. Besucht er nämlich den Patienten, obwohl dieser über ausreichende Freiheitsgrade des Kommens und Gehens verfügt, passiviert und infantilisiert er ihn, untergräbt er seine Autonomie. Nicht in jedem Fall ist also der Hausbesuch ein segensreiches Vorgehen. Aber hierin unterscheidet sich der Hausbesuch nicht von anderen diagnostischen und therapeutischen Mitteln. Sie bedürfen einer gezielten Indikationsstellung.

Es macht einen großen Unterschied aus, ob der Patient, der zu Hause aufgesucht wird, dem Besucher bekannt oder unbekannt ist. Stellt der Hausbesuch den Rahmen dar, in dem es zur Erstbegegnung zwischen Therapeut und Patient kommt, ist die Situation meist besonders heikel. Der psychiatrische Patient ist ein verletzter und leicht verletzbarer Mensch. Er hat besondere Schwierigkeiten, Vertrauen zu sich selbst und zu den anderen zu fassen. Fremdes und Unvorhergesehenes flößen Angst ein und können Mißtrauen verstärken. Deshalb sollte der Hausbesucher immer darum bemüht sein, sein Kommen anzumelden. Aber es wird immer mal wieder Situationen geben, in denen er unangemeldet die Wohnungstürklinke herunterdrücken muß. Zweifellos gehören die unangemeldeten Hausbesuche bei einem bis dato unbekannten Patienten zu den größten fachlichen wie sozialen Herausforderungen.

In früheren Zeiten, als die Psychiatrie sich mehr dem gesellschaftlichen Ganzen und seiner Ordnung als dem einzelnen Kranken verpflichtet fühlte, wurde der unangemeldete Hausbesuch bevorzugt. Man hoffte, dadurch ein unverstelltes Bild von der häuslichen Situation des Patienten zu erhalten. Durch die Ankündigung eines Hausbesuchs wäre der Patient in der Lage gewesen, Täuschungen vorzunehmen und beispielsweise die Zeichen von Verwahrlosung zu tilgen. Dies zeigt einen Hausbesuchsstil, der für den autoritären Staat typisch ist, in dem Bürgerinnen und Bürger in der Rolle von Untertanen gesehen werden. Die Anmeldung eines Hausbesuchs hingegen drückt Respekt vor der Person des anderen aus, und gleichzeitig signalisiert sie eine Distanzierung von den Kontrollfunktionen der Psychiatrie.

Beispiel: Da lebt in einem gepflegten Mehr-Familienhaus ein alkoholkranker 50jähriger Mann. Seine Frau hat ihn verlassen, seine Kinder kümmern sich nicht mehr um ihn. Seine Anstellung als Kellner hat er schon länger verloren. Im Hausflur kommt es zu häßlichen Szenen, Drohungen gegen die Nachbarskinder, Verschmutzungen durch Erbrochenes, häufiger wird der Kranke vor seiner Wohnungstür schlafend in verwahrlostem Zustand gefunden. Auch aus der Wohnung dringt Gestank.

Eine Nachbarin wendet sich ans Gesundheitsamt, möchte insbesondere, daß der »Kammerjäger« kommt, sie meint, Ungeziefer dringe auch in ihre Wohnung. Das Gesundheitsamt beauftragt den sozialpsychiatrischen Dienst, sich ein Bild von der Situation zu machen und zu helfen.

Auf Anschreiben reagiert der Kranke nicht. Das Telefon ist abgestellt. Beim Hausbesuch aber ist die Kontaktaufnahme erstaunlich unkompliziert. Der Kranke gewinnt die Sympathie der Besucher. Er erklärt sich bereit, zum wöchentlichen Patienten-Treff in die Beratungsstelle zu kommen, was er in der Folgezeit allerdings nur selten tut. An der Situation im Hause ändert sich nichts. Die häßlichen Szenen nehmen sogar zu.

Die Nachbarn verlieren die Geduld. Der alkoholkranke Mann sei nicht tragbar. Jetzt kommt es auch zu Szenen, Vorwürfen, Beschuldigungen zwischen den Nachbarn und den Mitarbeitern des sozialpsychiatrischen Dienstes.

Nach einem halben Jahr ist die Situation unverändert. Die Nachbarn wenden sich an die Seuchenabteilung des Gesundheitsamtes und erreichen schließlich, daß ein Kammerjäger kommen wird, um die Wohnung des Mannes zu inspizieren. Die Mitarbeiter des sozialpsychiatrischen Dienstes erfahren davon, sind alarmiert, greifen zu Schrubber und Besen und reinigen zu dritt einen ganzen Vormittag die Wohnung des Kranken. Der Kammerjäger kommt und findet alles in bester Ordnung vor: kein Grund, etwas zu unternehmen.

Wie ging es weiter? Die Konflikte im Hause eskalierten, der Alkoholabusus nahm zu. Schließlich griff ein Notarzt ein, und mit schweren Intoxikationserscheinungen kam der Patient auf die Intensivstation, dann in die Psychiatrie, schließlich in ein Wohnheim. Verständlicherweise breitete sich nach all dem Engagement Ernüchterung im Team des sozialpsychiatrischen Dienstes aus.

Üblicherweise wird der psychiatrische Hausbesuch der Krisenintervention zugeordnet. Diese kann sich sowohl im Rahmen der Vorsorge als auch im Rahmen der Nachsorge ereignen. Im günstigsten Fall soll der potentielle Hausbesucher rund um die Uhr erreichbar sein. UCHTENHAGEN(1985) schreibt unmißverständlich: »Wenn der mobile Dienst überhaupt eine Berechtigung hat, dann sehe ich ihn dort..., wo ein Patient in einer Krise nicht von sich aus Hilfe sucht, sondern unter Umständen eben auch gegen seine Widerstände und trotz seiner Ängste zur Entlastung des Umfeldes aufgesucht werden muß. Ich halte das... für einen ganz entscheidenden Sektor innerhalb der gesamten Versorgung.« (S. 144)

Aber nicht nur im Bereich der Krisenintervention ist dem Hausbesuch ein hoher Stellenwert zuzumessen. Auch im Rahmen der Langzeitbetreuung, wenn keine akuten Krisen vorliegen, ist er unverzichtbar. Hier ist er angezeigt bei Patienten, die sich infolge ihrer Erkrankung sozial isolieren. Diese Patienten können eine hilfreiche Behandlung nicht einfordern. Die Kontaktvermeidung stellt nicht selten ihre besondere Art von Bewältigung der seelischen Krankheit dar, und sie ist für manche Psychose-, Sucht- und Alterskranke typisch.

Die Tendenz, sich sozial zu isolieren und die Behandlung zu meiden, scheint bei Patienten besonders ausgeprägt, die der sozialen Unterschicht angehören. Hier muß der Hausbesuch sozialisationsbedingte »Defizite« des Hilfesuchverhaltens ausgleichen und dem Patienten entgegenkommen. Will die ambulante Psychiatrie die wirklich schwierigen Patienten erreichen, müssen Aufsuchen und Nachgehen zum festen Repertoire der (Langzeit-)Betreuung gehören.

Enthospitalisierungsprogramme haben zur Zeit Konjunktur. Ob sie segensreich sind, steht nicht von vornherein fest. Jedenfalls ist der Erfolg von neuen Angeboten abhängig. Die Entlassung von psychiatrischen Langzeitpatienten aus den Anstalten erfordert sorgfältige Vorbereitung. Viele glauben, alles sei geregelt, wenn neue Institutionen, Tageskliniken, Tagesstätten, Wohnheime und beschützte Werkstätten vorgehalten werden. Aber es bedarf weiterer Überlegungen und Konzepte, wie der Lebensraum des Chronikers gestaltet werden kann. Ein Sprecher der Angehörigen psychisch Kranker brachte die veränderte Situation einmal auf den Nenner: »Die Wohnungen der Familien psychisch Kranker drohen die neuen Ghettos der Langzeitpsychiatrie zu werden.« (ANGERMEYER/FINZEN 1984, S. 92) Erst der Hausbesuch macht den Reformer auf die veränderte Lage des Kranken und auf neue Gefährdungen aufmerksam.

II. Teil

5 Auftraggeber des Hausbesuchs

Die Frage, wie ein psychiatrischer Hausbesuch zustande kommt, ist häufig schwierig zu beantworten. Es ist ein komplexes Zusammenspiel unterschiedlicher Personen und Faktoren, und nicht selten bleibt der wahre Auftraggeber verdeckt.

Idealtypisch sind folgende drei Konstellationen denkbar.

- **Situation 1:** Der Patient selbst fordert einen Hausbesuch an. Aus unseren bisherigen Überlegungen geht hervor, daß dies vermutlich selten ist. In einer Befragung, die wir über Hausbesuche eines sozialpsychiatrischen Dienstes durchführten, fanden wir heraus, daß Situation 1 nur auf 10 % der Hausbesuchsfälle zutrifft.

- **Situation 2:** Der Therapeut ergreift die Initiative zum Hausbesuch aus eigenem Entschluß. Dabei mögen auch subjektive Vorlieben eine Rolle spielen. Es gibt Therapeuten, die einfach

»neugierig« sind und gerne auch Erfahrungen außerhalb ihres Sprechzimmers machen. Entscheidend aber sind konzeptuelle Vorstellungen darüber, wie der institutionelle Auftrag am besten zu erfüllen ist. Als wir die Hausbesuche in einem sozialpsychiatrischen Dienst, der von Geh- und Komm-Strukturen bestimmt war, auszählten, kamen die Hälfte aller Hausbesuche auf Initiative des jeweiligen Hausbesuchers zustande.

- **Situation 3:** Hier hat der Hausbesuch eine triadische Struktur. Eine Drittperson fordert ihn an. Die Beziehung spielt sich in einem Dreieck ab. Das war bei 40 % der Hausbesuche des untersuchten Dienstes der Fall.

Spannend ist die Frage, wer diese Drittpersonen, die einen psychiatrischen Hausbesuch anfordern, sind. Wir haben sie ausgezählt und graphisch dargestellt (siehe Seite 48):

Bei der Frage nach den Drittpersonen bekommen wir die ganze Palette psychiatrischer Schlüsselfiguren vorgeführt. Dabei bestätigt sich wieder einmal, daß die Angehörigen die wichtigsten Schlüsselfiguren für den psychiatrischen Patienten sind. Aber schon bald folgen die professionellen Helfer der Sozialbehörden, die oft die fehlenden Angehörigen ersetzen müssen.

Häufigkeitsverteilung der den Hausbesuch veranlassenden Schlüsselpersonen (Dritter) bei 83 Hausbesuchen (6 Zweifachnennungen)

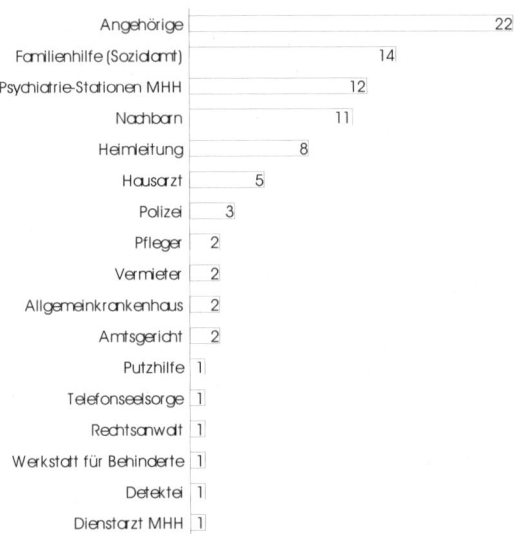

Angehörige	22
Familienhilfe (Sozialamt)	14
Psychiatrie-Stationen MHH	12
Nachbarn	11
Heimleitung	8
Hausarzt	5
Polizei	3
Pfleger	2
Vermieter	2
Allgemeinkrankenhaus	2
Amtsgericht	2
Putzhilfe	1
Telefonseelsorge	1
Rechtsanwalt	1
Werkstatt für Behinderte	1
Detektei	1
Dienstarzt MHH	1

Schauen wir uns die Hausbesuche in den drei Varianten einmal genauer an.

Der Patient wünscht den Hausbesuch

Es handelt es sich in der Regel um Situationen im Rahmen einer Langzeitbetreuung. Obwohl die Situation einfach und überschaubar erscheint, müssen verschiedene Aspekte berücksichtigt werden.

Wir haben uns zunächst immer folgende Fragen vorgelegt:
- Was möchte der Patient, und warum möchte er es gerade zu diesem Zeitpunkt?

- Worin besteht die Krise, daß das bisherige Setting, die Komm-Struktur, aufgehoben werden sollte?

Diese Fragen bieten stets Anlaß, über die Beziehungsdynamik in der Behandlung nachzudenken.

Beispiel: Eine 28jährige Patientin ruft ihren ärztlichen Therapeuten an. Sie sucht ihn seit einem halben Jahr einmal wöchentlich in der Beratungsstelle auf. Sie sei in Panik. Sie berichtet, auf dem Heimweg in der Straßenbahn hätten sie wieder die Gedanken überfallen, daß die Mitfahrenden sie beobachteten. Alles habe sich auf sie bezogen. Sie sei regelrecht nach Hause geflohen. Aber die Angst steigerte sich, als sie zu Hause nichts tun konnte, ohne daß Stimmen zu ihr sprachen, die sie immer zum Gegenteil dessen aufforderten, was sie gerade tun wollte. Sie halte es nicht mehr aus, sie habe schon eine Tablette mehr genommen, habe die Mutter angerufen, aber die sei nicht zu Hause. Ob der Therapeut nicht kommen könne?

Der Therapeut kommt der Aufforderung nach, wohl wissend, daß er als besänftigender Mutter-Ersatz dienen soll. Er findet eine Patientin vor, die bereits einige Sachen zusammengesucht hat, um in die Klinik zu fahren. Es gelingt ihm, durch beruhigendes Gespräch und eine Erhöhung der Medikation den Klinikwunsch zu bremsen. Die Vergabe eines zusätzlichen Termins am nächsten Tag gibt der Patientin Sicherheit, und sie beschließt, zu Hause zu bleiben. Ein Behandlungsabbruch durch Klinikaufnahme wird vermieden.

Der Therapeut überlegt, ob die Patientin selbst unbewußt einen Behandlungsabbruch wünschte. In den letzten Gesprächen hatte er sie verstärkt gedrängt, wieder eine Arbeit aufzunehmen, denn die Patientin hatte immer wieder über ihr

Nichts-Tun geklagt. Entsprang die Aufforderung zum Hausbesuch dem Wunsch der Patientin, gleichzeitig fliehen und nicht fliehen zu wollen?

In Erinnerung an die Wohnung der Patientin sind dem Therapeuten die Bilder geblieben, die an der Wand hingen. Es waren Plakate von eleganten Frauen in schicker Kleidung, Frauen von makellosem Körperbau, madonnenhaften Gesichtszügen. Nie hätte er gedacht, daß sich die Patientin an solchen Idealen mißt.

Nicht selten ist die Bitte des Patienten um einen Hausbesuch eine Art Test. Er möchte prüfen, wie weit sein Therapeut gehen wird. Wird er auch Anteil an seiner realen Situation nehmen? Manchmal verbirgt sich dahinter der Wunsch, den Therapeuten als Freund und Hausgenossen zu gewinnen. In einem Fall wird es der Therapeut möglicherweise ablehnen, diesem Wunsch nachzukommen. Im anderen Fall wird er ihm ganz bewußt nachkommen, und zwar gerade dann, wenn es sich bei dem Patienten um einen chronisch Kranken handelt, der niemanden hat, der sich um ihn kümmert, und bei dem der Therapeut in der Tat in der Pflicht steht, zumindest vorübergehend realer Ansprechpartner und feste Bezugsperson zu sein. Dies betrifft in der Regel jene Kranke, deren Störung nicht auf den innerseelischen Sektor wie bei neurotisch Kranken begrenzt ist, sondern tief in die Wohn- und Arbeitswelt hineinreicht. Solche Kranken sind auf die Realpräsenz der Helfer angewiesen.

Beispiel: Die 75jährige Frau C. kommt schon seit längerem zum wöchentlichen Kaffeetrinken in die sozialpsychiatrische Beratungsstelle. Der Hausarzt hatte dies vermittelt, nachdem ihr Mann und ihre Freundin in kurzem Abstand verstorben waren und sie in Schwermut zu versinken drohte. Der einzige Sohn wohnt in einer fernen Stadt.

Als der Sohn aus beruflichen Gründen im Begriff ist, nach Übersee zu ziehen, treten bei Frau C. Angstzustände auf. Sie fürchtet, an Luftmangel zu sterben. Sie ruft in der Beratungsstelle an, und zunächst wird sie an den Hausarzt verwiesen, der mehrfach Valium spritzt. Schließlich entschließt man sich, Frau C. regelmäßig zweimal in der Woche Besuche anzubieten. Sie nimmt sie gerne an, und es zeigt sich, daß durch die dichtere therapeutische Strukturierung der Woche die Angstzustände zurücktreten.

Der Therapeut ergreift die Initiative

Die Einstellung von Psychiatern, aber auch der nicht-akademischen Mitarbeiter und Mitarbeiterinnen eines psychiatrischen Dienstes zum Hausbesuch ist sehr unterschiedlich. Im Rahmen einer wissenschaftlichen Studie haben wir in Hannover die niedergelassenen Nervenärzte zur aufsuchenden Behandlung eingehend befragt (vgl. STOFFELS 1988). Durchschnittlich rechnen die Nervenärzte in Hannover pro Monat 1,7 Hausbesuche ab (Bundesdurchschnitt 0,3 Hausbesuche pro Monat). Es gibt einen Nervenarzt, der 30 bis 40 Hausbesuche im Monat unternimmt. Aber vor allem die psychotherapeutisch orientierten Nervenärzte führen so gut wie keine Hausbesuche durch (0,03 Besuche pro Monat). Wir erfuhren, daß Hausbesuche »berufsgruppenunüblich« seien und daß in vielen Fällen die Organisation der Praxis keine aufsuchende Tätigkeit erlaube.

Wir haben die Nervenärzte gefragt, ob sie bei besseren Rahmenbedingungen (Zeit, Geld) persönlich »sehr gern«, »gern«, »ungern« oder »sehr ungern« mehr Hausbesuche bei ihren Patienten durchführen möchten. Die Antworten fielen zwiespältig aus. 45,5 % gaben ihrer persönlichen Vorliebe für den Hausbesuch Ausdruck, während 36,4 % einer Hausbesuchstätigkeit ablehnend gegenüberstanden und bekannten, ungern oder sogar sehr ungern den Patienten zu Hause aufzusuchen.

Während des Interviews wurde den Nervenärzten auch folgende Frage vorgelegt:

»Ein Patient ihrer Praxis kommt nicht zum verabredeten Behandlungstermin (z.B. zur Depot-Neuroleptika-Injektion). Werden Sie daraufhin weitere Maßnahmen ergreifen (z.B. Hinterher-Telefonieren, Benachrichtigung der Angehörigen, Hausbesuche)?«

15 % der Nervenärzte antworteten mit einem klaren »Nein«. Die Mehrzahl wollte sich differenziertere Maßnahmen vorbehalten, wobei die vermutete Gefährdung des Patienten das weitere Vorgehen bestimmen sollte. Für manche Praxis ergab sich aber das Problem, daß das Nicht-Erscheinen des Patienten oft gar nicht bemerkt wird.

Es taten sich weitere Probleme auf.

So berichtete ein Nervenarzt, daß er nach Praxisgründung routinemäßig Patienten, die einen Termin versäumt hatten, nach vier Wochen angeschrieben habe. Dies hätte teilweise zu erbosten Reaktionen der Patienten geführt. Sie wiesen auf ihr Recht auf freie Arztwahl hin und gaben manchmal an, sich in anderweitige Behandlung begeben zu haben. Ein Patient wies auf das Kassenarztrecht hin, welches einen »werbenden Umgang« mit dem Patienten verbietet.

Wird eine ernste Gefährdung des Patienten, der der Behandlung fernblieb, durch den Nervenarzt angenommen, besteht der Versuch der Kontaktaufnahme in erster Linie in einem Telefongespräch. Dies wird meistens von der Arzthelferin geführt. Es geschieht sehr selten, daß ein Patient vom niedergelassenen Nervenarzt angeschrieben wird. Niemals kommt es jedoch zu einer Situation, wo das Wegbleiben des Patienten und ein möglicher Behandlungsabbruch Anlaß für einen nervenärztlichen Hausbesuch geben.

Ein psychiatrischer Dienst oder eine Institutsambulanz sind grundsätzlich anders organisiert als eine niedergelassene Nervenarztpraxis. In ihrer Arbeitsausrichtung, Personalbesetzung und Trägerschaft weisen sie große regionale Unterschiede auf. Auch sind die betreuten Krankheitsgruppen sehr different. Aber diese Dienste weisen doch ein gemeinsames Merkmal auf: nämlich die hohe Quote der Hausbesuche. Zur Versorgung eines Sektors von 150.000 Einwohnern führt ein sozialpsychiatrischer Dienst in Hannover im Monat durchschnittlich 60-70 Hausbesuche durch (das sind 3-4 Hausbesuche pro Arbeitstag).

Nach unserer Erfahrung ist aber auch die persönliche Einstellung von Mitarbeitern einer Ambulanz zum Hausbesuch sehr unterschiedlich. Es gibt die Fraktion der Befürworter und die der Vermeider. Hinter vielen ablehnenden Rationalisierungen verbergen sich oft affektive Gründe.

Es gibt Therapeuten, die den Hausbesuch scheuen. Wenn sie sich auf die Straße begeben und fremde Häuser betreten, womöglich in ärmlichen Gegenden, werden sie unsicher. Sie vermissen die professionellen Attribute (klarer Auftrag, weißer Kittel usw.). Sollen sie zumindest einen Arztkoffer mitnehmen? Das Feld ist unübersichtlich, und der Ablauf der Dinge ist schwer vorauszusehen. Wie steht es um ihre Legitimation? Sie fühlen sich erst dann zu therapeutischem Tun berechtigt, wenn der Patient sie darum bittet. Diese Legitimation erfahren sie durch das Kommen des Patienten in ihre Sprechstunde. In wessen Auftrag aber handeln sie jetzt beim Hausbesuch?

Die Aufforderung zu einem Hausbesuch empfinden diese Therapeuten meist als Störung, und sie versuchen sich dieser Aufgabe mit unterschiedlichen Argumenten zu entziehen: Er sei zu zeitaufwendig und vermutlich wenig effektiv. Oder: Zunächst müsse eine genauere Abklärung über die Motivlage aller Beteiligten erfolgen. Sie fragen etwa, warum nicht der niedergelassene Hausarzt oder behandelnde Nervenarzt angesprochen werde? In manchen Fällen mag es sein, daß diese Vorhaltungen durchaus berechtigt sind, werden sie jedoch zur Regel, so verbergen sie andere Motive und manchmal schlicht Bequemlichkeit. WOODBURY/WOODBURY (1969, S. 622) analysierten in ihrem Team diese Abwehrhaltung. Nach ihrer Auffassung spielen verschiedene Ängste eine Rolle, vor allem Phantasien wie die Vorstellung, beim Hausbesuch verlacht und verspottet, womöglich aus dem Fenster geworfen oder die Treppe hinuntergestoßen zu werden.

Auf der anderen Seite gibt es Therapeuten, die eine ausgesprochene Vorliebe für Hausbesuche haben. Sie sehen in ihnen ein Mittel zur Überwindung der Therapeut-Patient-Hierarchie. Der Wunsch zu missionieren ist ihnen gelegentlich nicht fremd. Manchmal spielt auch eine gewisse »Abenteuerlust« eine Rolle sowie die Suche nach größerer Lebendigkeit, wie sie eben im Sprechzimmer nicht zu erreichen ist. Ohne sich größere Gedanken zu machen, sollte kein Hausbesuch stattfinden. Das schafft unter Umständen schnell Verwicklungen, die sich mit therapeutischem Elan alleine nicht unbedingt beheben lassen. Auch können Hausbesuche beim Therapeuten Omnipotenzphantasien wecken, die unangemessen wären.

Beim Nachdenken über die Befürworter und Vermeider läßt sich auf M. Balint zurückgreifen, der zwischen dem onkophilen und dem philobatischen Charakter unterscheidet. Der eine liebt den Wechsel und das Risiko, geht in die Welt hinaus und sucht das Unvorhergesehene, während der andere lieber in seinen vier Wänden verbleibt, sich gegen das Unbekannte und Plötzliche absichert und schützt. Der psychiatrische Hausbesucher muß beide Persönlichkeitszüge in sich aufnehmen und entwickeln. Dann können Fehleinschätzungen, wie sie die beiden folgenden Beispiele zeigen, vermieden oder zumindest verringert werden.

Beispiel 1: Ein chronisch schizophrener, berenteter 40jähriger Patient bleibt der Spritzensprechstunde in der Ambulanz fern. Schon eine Woche zuvor war aufgefallen, daß der ansonsten so verschlossene Mann aufnahmefähiger und lebhafter war. Kürzlich war die Medikamentendosis reduziert worden, und eine weitere Reduktion war geplant. Zuvor hatte sich der Patient ausschließlich an diesem Thema gerieben und von kaum etwas anderem gesprochen als von Beeinträchtigungen, die von den Medikamenten kämen.

War eine Besserung eingetreten, oder bestand eine Gefährdung? Der Mann war schon achtmal in der Klinik gewesen, die ersten Male jeweils durch eine Zwangseinweisung. Anfangs hatte er sich immer zurückgezogen, um dann zur Abwehr von Verfolgungen ungestüm und bedrohlich zu werden. So kam es zu den Einweisungen.

Telefonate und Anschreiben fruchten nicht. Drittpersonen, an die man sich wenden könnte, gibt es bei dem verschlossenen Mann nicht. Man wartet ab, und niemand ist so recht bereit, Verantwortung zu übernehmen und den Hausbesuchs-Auftrag zu erteilen. Vielleicht geht es dem Patienten gut, und er hat sich endlich der einschränkenden Dauermedikation entzogen. So gehen drei Wochen ins Land.

Plötzlich ist der Patient in der Klinik. Nach Jahren wieder

eine Zwangseinweisung. Er hatte mehrere Nachbarn mit einem Messer in Schach gehalten, und die Polizei mußte anrücken. Bei der Überwältigung war es zu einem Armbruch des Patienten gekommen. Nun ist zu vermuten, daß er, nach alldem, was vorgefallen ist, nicht mehr in seine alte Umgebung wird zurückkommen können.

Hier hätten Hausbesuche durchaus die Eskalation verhindern können.

Beispiel 2:   Aus einer fernen Stadt ruft die Tochter einer 80jährigen Frau in der Beratungsstelle an. Es ist Freitag mittag. Sie ist sehr aufgeregt und voller Sorge, denn sie habe gerade erfahren, daß ihre alleinlebende Mutter völlig verwirrt und hilflos sei. Man müsse sofort etwas unternehmen, denn sie selbst sei unabkömmlich.

Eine halbe Stunde später stehen Psychiater und Sozialarbeiterin in der Wohnung der alten Frau. Zwar sieht alles recht ordentlich aus, aber die Patientin ist in der Tat desorientiert, und sie ist gewiß nicht imstande, sich selbst zu versorgen. Ambulante Krankenpflege und ambulanter Mittagstisch lassen sich am Freitag nachmittag nicht organisieren. Was zu bleiben scheint, ist die Klinikeinweisung. Als aber die Krankenwagenfahrer kommen, will die alte Dame nicht mitgehen. Da niemand eine Alternative weiß, werden die Formalien einer Zwangseinweisung beschritten: »Selbstgefährdung bei akutem Verwirrtheitszustand«.

Am Montag meldet sich der Hausarzt in der Klinik. Er ist außerordentlich erbost. Er berichtet, daß er gemeinsam mit einer Nachbarin schon seit Monaten die alte Frau betreut und er es auch verantwortet habe, daß sie in ihrer Wohnung verbleibe. Es gäbe eine Tochter, die in einer fernen Stadt wohne, sich aber nicht kümmere, er habe sie schon mehrfach gebeten, sich mehr zu engagieren. Nach seiner Auffassung sei die Klinikeinweisung, noch dazu die Zwangseinweisung, so überflüssig wie ein Kropf.

Es dauert noch drei Tage, bis allen Beteiligten klar wird, daß die Patientin wieder in ihre Wohnung zurückkehren kann.

Beide Beispiele demonstrieren, wie genau der jeweilige Kontext einer Person zu überprüfen ist, um sich für oder gegen einen Hausbesuch zu entscheiden, und welche Risiken bei einem Hausbesuch bestehen.

Dreiecksbeziehungen

Familienangehörige sind die häufigsten Auftraggeber des psychiatrischen Hausbesuchs. Sie befinden sich in einer schwierigen Lage. Über viele Jahre waren die Angehörigen in den Augen der Psychiater »Ungehörige«. Eine vulgäre Familientherapie hatte gelehrt, sie als die »Krankheitserreger« anzusehen. Erst in den letzten Jahren ist das Verständnis für ihre Situation gewachsen.

Versetzen wir uns einmal in die Lage der Angehörigen. Natürlich stehen sie in einer Loyalitätsbindung gegenüber ihrem kranken Verwandten. Das muß auch so sein. Manchmal hat er ihnen strikt verboten, mit irgendwem und vor allem nicht mit einem Psychiater Kontakt aufzunehmen. Er droht in Zorn und Wut zu geraten, wenn sie sich seinem Wunsch nach Verschwiegenheit widersetzten.

Die Angehörigen sind hin- und hergerissen, ein Schuldgefühl quält sie, manchmal sind sie gelähmt, und erst wenn sich die Situation ins Unerträgliche zuspitzt, werden sie aktiv. Aber wo finden sie eine Stelle, die sich ihrer Nöte annimmt, ihre Befürchtungen nachvollzieht und sich notfalls auch bereit findet, aktiv zu werden?

Weder der niedergelassene Psychiater noch der Mitarbeiter einer Ambulanz warten darauf, endlich einen Hausbesuch durchführen zu können, der von Personen, welche ihnen unbekannt sind, gewünscht und verlangt wird. Die Angehörigen müssen viele Hürden überwinden. Sie müssen sich darauf gefaßt machen, ausführliche Auskünfte geben zu müssen. Manchmal werden sie gebeten, in die Sprechstunde zu kommen, um Genaueres zu berichten.

Aber die Hürden werden auch nicht grundlos aufgestellt. Nicht jede Ehekrise und jeder Eltern-Kind-Konflikt ist ein psychiatrischer Notfall. Und ein Therapeut, der keine Umsicht walten läßt und bei jeder sich bietenden Gelegenheit einem potentiellen Patienten hinterherläuft, hebt vielleicht die Statistik der Hausbesuche, aber er leistet keine gute Arbeit.

Manchmal rufen die Angehörigen heimlich in einer Praxis oder Beratungsstelle an und sind entsetzt, wenn sie allen möglichen Nachfragen und »inquisitorischen« Fragestellungen ausgesetzt werden. Sie spüren Vorwürfe, weil sie hinter dem Rücken des Kranken gehandelt haben. Offenbar machen sie alles falsch, so scheint es ihnen zuweilen. Und je höher die Schwelle angehoben wird, um professionelle Hilfe zu erlangen, um so resignierter werden sie.

Für die Helfer ist die Situation auf der anderen Seite auch nicht leicht. Durch den Anruf des Angehörigen geraten sie in einen Dialog, welcher *über* den Kranken und nicht *mit* ihm geführt wird. Das widerspricht ihrem Berufsethos. Sie wollen dem Kranken helfen, sich ihm widmen und sich mit ihm solidarisieren, statt mit den Bedürfnissen von irgendwelchen Angehörigen. Jetzt sehen sie sich in einen Komplott verwikkelt. Sie spüren ein unlauteres Ansinnen, sollen beispielsweise eine Verabredung treffen, damit sie den Kranken »zufällig« auch just zum vereinbarten Besuchszeitpunkt in der Wohnung antreffen.

Zunächst sollten sich die Therapeuten in der Pflicht sehen, sich ein exaktes Bild von der Situation zu machen, und sollten die Angehörigen ermuntern, ihre Erfahrungen mit dem kranken Verwandten ausführlich darzulegen. Diese Fremdanamnese erlaubt gewisse Rückschlüsse auf das Krankheitsbild, das Familiensystem, über die Bedrohlichkeit der Situation, über die Notwendigkeit raschen Intervenierens. Manchmal wird dann deutlich, daß noch etwas Zeit bleibt, um gemeinsam nach Wegen zu suchen, wie ein therapeutischer Kontakt zum Kranken hergestellt werden kann.

Entscheidend ist, daß den Angehörigen das Gefühl vermittelt wird, an der richtigen Stelle zu sein – wenn sie es sind – und Hilfe zu erhalten, auch wenn eine sofortige Lösung nicht möglich ist. Indem die Position der Angehörigen durch das Beratungsgespräch gestützt wird, gewinnen sie im günstigen Fall Kraft und den Mut, offener dem Kranken gegenüberzutreten und sich vom eigenen Vorwurf des Verrats freizusprechen.

Beispiel: Da ruft eine Frau in der sozialpsychiatrischen Beratungsstelle an, Mutter eines 21jährigen Jurastudenten, und berichtet, daß sie sich ihrem Hausarzt nach längerem Zögern eröffnet habe. Dieser verwies sie an die Beratungsstelle. Ihr Mann, Oberinspektor beim Finanzamt, habe sie zunächst zurückhalten wollen, jetzt aber seien sie beide übereingekommen, daß es nicht länger so weitergehe.

Ihr einziger Sohn habe vor zwei Jahren ein glänzendes Abitur gemacht, mit großen Hoffnungen und Erwartungen der Eltern habe er ein Jurastudium am Heimatort begonnen. Er sei immer etwas kontaktarm gewesen, jedoch habe er sich schon während des ersten Semesters deutlich verändert. Bei den gemeinsamen Mahlzeiten tat er merkwürdige Äußerungen, kritisierte ständig das Essen, und schließlich wollte er es nur noch in seinem Zimmer einnehmen, da er sonst nichts essen könne. Er versäumte zunehmend die Vorlesungen, blieb lange im Bett liegen und verbot schließlich den Eltern, sein Zimmer zu betreten. Seit zwei Wochen habe er sich nun eingeschlossen. Der Mutter blieb nichts anderes übrig, als ihm das Essen vor die Tür zu stellen, welches er, offenbar nachts, wenn die anderen schliefen, zu sich hereinhole. Jetzt würden sie nur noch durch die Tür sprechen, häufig keine Antworten erhalten, sie wüßten nicht, ob er sich überhaupt ausreichend ernähre. Mehrfach habe der Vater versucht, dem Sohn energisch entgegenzutreten, jedoch dieser habe ihn sogar einmal mit Gewalt aus seinem Zimmer gestoßen. Jetzt wüßten sie beide nicht mehr weiter.

Nach Einschätzung des Therapeuten muß nicht am gleichen Tag eingegriffen werden. Er bestellt die Eltern zum nächstmöglichen Termin zu sich in die Sprechstunde und motiviert sie, dem Sohn durch die Tür offen zu sagen, daß sie ratlos seien, sich an einen Arzt gewandt hätten, der ihn zu einem bestimmten Zeitpunkt zu Hause sprechen wolle.

Als der Hausbesucher eine Woche später an die Zimmertür des Patienten klopft, öffnet dieser überraschenderweise die Tür. Es ist ein hagerer, dürrer Mann mit langen Haaren, ängstlich flackernden Augen, der alle Beschwerden verneint und seine Eltern beschuldigt, sich zu sehr in sein Leben einzumischen. Der Hausbesucher läßt sich nicht auf eine fruchtlose Diskussion ein. Er legt offen seinen Auftrag dar, spricht von der Sorge um den Gesundheitszustand und daß er sich verpflichtet sehe, regelmäßigen Kontakt zu halten.

Die Eltern sind durch die Hausbesuchs-Intervention deutlich entlastet. Der befürchtete Erregungssturm ihres Sohnes bleibt aus, obwohl er den Arzt auch als »verlängerten« Arm der Eltern ansehen könnte. Vielmehr beginnt eine langjährige therapeutische Beziehung zu einem jungen Mann, der an einer symptomarmen schizophrenen Psychose erkrankt war.

Andere Auftraggeber

Eine ganze Reihe anderer Personen oder Berufsgruppen können Auftraggeber für psychiatrische Hausbesuche werden. Stets wird gründlich zu prüfen sein, welche Interessen leitend sind und ob das vorgebrachte Anliegen berechtigt ist. Relativ unproblematisch ist es, wenn der Hausarzt bei einem Hausbesuch oder durch Erzählen von Angehörigen den Eindruck hat, nur psychiatrische Fachkompetenz könne im gegebenen Fall weiterhelfen und eine Kollegin oder einen Kollegen um einen Hausbesuch bittet. Überschaubar ist auch die Situation, wenn bei Entlassung eines Patienten aus der Klinik der Klinikarzt um Hausbesuche bittet, damit eine kontinuierliche ambulante Behandlung (ggf. auch mit Medikamenten) sichergestellt wird.

Eindeutiger, wenn auch nicht unbedingt einfacher sind Hausbesuchs-Indikationen, wenn Polizei oder Feuerwehr bei suizidalen Krisen, akuten psychotischen Dekompensationen oder alkoholtoxischen Erregungszuständen um Hilfe nachsuchen. Diffiziler wird es, wenn das Jugendamt, die Familienhilfe, die Sozialstation oder die Schule um einen Hausbesuch bitten. Wenn die Krise nicht akut ist, sollte sich der Hausbesucher Zeit zur Vorbereitung und Absprache nehmen.

Komplex ist die Situation, wenn der Hausbesuch durch Nachbarn oder andere Hausbewohner angefordert wird. Sieht man von klaren Notfallsituationen ab, so wird in der Regel gründlich zu recherchieren sein, um Indikation und mögliche Folgen eines Aufsuchens und Nachgehens abzuklären: Handelt es sich um intakte Hausgemeinschaften, die sich überfordert sehen, weiterhin die Verantwortung für einen alleinstehenden und zunehmend verstört erscheinenden Mitbewohner zu übernehmen? Oder handelt es sich um chronische Streitigkeiten, die nun mittels der Psychiatrie auf eine andere Ebene gehoben werden sollen? Will hier jemand eine schnelle Lösung durch Zwangseinweisung herbeiführen, um nicht länger in seiner bürgerlichen Ruhe gestört zu werden? Manches läßt sich am Telefon klären, wenn das Anliegen auf seine Plausibilität hin überprüft wird.

Beispiel: In der Ambulanz ruft ein erregter Nachbar an. Bisher habe ihm niemand geholfen. Der Mieter unter ihm belästige ihn seit Wochen durch sein Rauchen. Er rauche am offenen Fenster, so daß der Rauch direkt in seine Wohnküche ziehe. Auf Vorhaltungen ließe sich der Mann nicht ein. Der Nachbar verlangt, daß man sich vor Ort die Situation anschaue, um den Mieter auf das Gesundheitsschädliche des Rauchens hinzuweisen.

Es gibt mehrere Telefonate, weil zunächst der Verdacht besteht, der Anrufer leide vielleicht an einer seelischen Erkrankung. Dafür fehlen jedoch alle Hinweise, so daß dem anrufenden Nachbarn beschieden werden muß, daß es sich hier nicht um einen Fall für den Psychiater handelt.

Wenn wir auf unsere eigenen Erfahrungen zurückschauen, so müssen wir feststellen, daß Nachbarn und Mitbewohner viel zu oft dem bösen Verdacht ausgesetzt sind, sie wollten jemanden loswerden, wollten sich der Verantwortung entledigen oder gar eine Wohnung für eigene Zwecke frei bekommen. Tatsächlich sind die Hausbewohner oft durch bizarre Verhaltensweisen von psychotischen Mitbewohnern schlicht verängstigt. Sie hegen Befürchtungen, etwa durch einen Brand in Mitleidenschaft gezogen zu werden, da ihr Nachbar unachtsam mit Kerzen oder Gas umgeht. Häufig geht es um ruhestörenden Lärm. Gewiß ist für die Störung der öffentlichen Ordnung in erster Linie die Polizei zuständig. Durch eine solche Störung allerdings kann sich auch die Not eines Kranken artikulieren, der nur auf diese Weise seine Mitmenschen auf sich aufmerksam machen kann – was dann wiederum eigentlich kein Fall für die Polizei ist.

Beispiel: Mehrere Mieter eines Hauses unterzeichnen einen Brief an die Beratungsstelle und verlangen »den Abtransport« der 60jährigen Frau F., die nachts Lärm mache, ihren Pflichten bei der Treppenreinigung nicht nachkomme, Kinder geängstigt und sogar geschlagen habe.

Es wird sofort ein Hausbesuch durchgeführt und mit mehreren Nachbarn gesprochen, um sich ein umfassendes Bild zu machen. Erst dann klingelt der Hausbesucher an der Wohnungstür von Frau F. Zu seiner Überraschung wird er, nachdem er sich vorgestellt hat, mit überfreundlichen Gesten von Frau F., einer kleinen, etwas rundlichen Person, in die Wohnung gebeten. Seit Jahren hat kein fremder Mensch mehr diese Wohnung betreten, die sich in einem verwunderlichen Zustand befindet. Fast alle Möbel sind mit Tüchern bedeckt, und Frau F. führt den Hausbesucher sogleich zum Fenster, um auf Tauben auf den gegenüberliegenden Dächern zu verweisen, mit denen sie Zwiesprache halte, die ihr Botschaften geheimnisvollen Inhalts überbringen würden, mal erfreuliche, mal ängstigende. Im weiteren Gespräch klärt sich, daß ihre lautstarke Ruhelosigkeit auf imaginierte sexuelle Übergriffe zurückgehen, gegen die sie sich nächtens wehren muß.

Der Hausbesucher konzentriert sich darauf, das Vertrauen von Frau F. zu gewinnen. Wieweit ist sie imstande, Hilfe von ihm anzunehmen? Er besucht Frau F. in den nächsten drei Wochen mehrfach (wovon er auch die Nachbarn unterrichtet). Einer Einladung in die Beratungsstelle will sie nicht Folge leisten. Schließlich gelingt es, Frau F. dazu zu bewegen, zur Untersuchung auch ihres körperlichen Zustandes einer Klinikeinweisung zuzustimmen. In der Klinik besucht der Hausbesucher sie regelmäßig. Nach sechs Wochen wird Frau F. entlassen, und inzwischen ist die Situation eine ganz andere. Es hat sich ein vertrauensvoller Kontakt entwickelt, und Frau F. sucht künftig auch die Beratungsstelle auf. Die Konflikte mit den Nachbarn entschärfen sich.

Man ahnt, sofern man nicht stereotyp zur Zwangseinweisung greift, daß der Versuch einer Lösung vor Ort keinem simplen Schema folgt. Auch ein Hausbesuch ist nicht das Schwert, das den gordischen Knoten zerschlägt. Eines jedenfalls ist wichtig: Durch bloßes Abtun der Belange von beunruhigten Hausbewohnern nach dem Motto »Nun haben Sie sich mal nicht so!« hilft man nicht. Man schadet dem eigenen Ansehen und vor allem den Interessen des eventuellen Patienten.

Wenn der Hausbesucher nicht imstande ist, bei allen Beteiligten den Eindruck zu erwecken, daß er das Problem ernst nimmt und sich um eine Lösung bemüht, sollte er gleich auf den Hausbesuch verzichten. Ansonsten werden sich die Beteiligten im Zweifelsfall an den nächsten Notarzt wenden und ihn zu einer Einweisung veranlassen, notfalls auch unter Zwang. Das Beste, was man zu Anfang für den Patienten oder die Patientin tun kann, ist die Herstellung einer Vertrauensbeziehung zu seinen Nächsten. Nur dann werden sie die Toleranz und die Geduld aufbringen, die zur Situationsklärung erforderlich sind. Vom Hausbesucher verlangt dies Standfestigkeit, Menschenkenntnis, Einfallsreichtum und diplomatisches Geschick.

Der Hausbesuch während der stationären Behandlung

Der Zeitaufwand, den ein Hausbesuch erfordert, ist nicht unerheblich. Dieser lohnt jedoch auch in einem Fall, der bisher nicht erwähnt wurde. Gemeint ist der Hausbesuch während einer klinisch-psychiatrischen Behandlung.

Nicht selten begibt sich der Patient mit großer Angst in die Klinik. Manchmal weiß er gar nicht so recht, wie ihm geschieht. Die Dinge sind ihm über den Kopf gewachsen, umsichtiges Planen war ihm zuletzt nicht mehr möglich. Solange er zu Hause nicht alles in Ordnung weiß, kann er die stationäre Behandlung nicht mit Gelassenheit akzeptieren. Es müssen nicht immer die unversorgten Haustiere sein, die jemanden in solchen Situationen in Unruhe versetzen. Man will bestimmte Utensilien mit in der Klinik haben, andere sollen besonders weggeschlossen werden, Geschirr muß gereinigt, Essensreste müssen beseitigt werden, ganz zu schweigen von der Behebung gröberer Verunreinigungen oder sogar von Trümmern, die im Rahmen der akuten Erkrankung entstanden sind. Auch die Entsorgung von Flaschenbergen in der Wohnung chronischer Alkoholiker kann den Hausbesuch sinnvoll machen.

Es ist zweckmäßig, daß gerade zu Anfang der stationären Behandlung beispielsweise eine Krankenschwester den Patienten auf dem Weg in seine Wohnung begleitet. Natürlich kann es passieren, daß der Kranke zu Hause unversehens von den gerade überstandenen Ängsten und dramatischen Erlebnissen »überfallen« wird. Nicht beruhigt, sondern deprimiert kommt er dann zurück. Es gibt auch Situationen, in denen er sich in der Wohnung weigert, wieder in die Klinik zurückzukehren. Telefonate müssen geführt, Verantwortlichkeiten geklärt und der Patient schließlich beschworen werden, nicht leichtfertig die klinische Behandlung abzubrechen. In den meisten Fällen aber verlaufen die Hausbesuche ohne solche Komplikationen.

Im Fortgang der klinischen Behandlung zeigt sich regelhaft, daß die Krankenschwester, die den Kranken in seine Wohnung begleitet, bei der Einschätzung der Fähigkeiten bzw. Unfähigkeiten des Patienten einen großen Vorteil gegenüber dem gesamten Behandlungsteam besitzen kann. Sie sieht den Kranken mit anderen, besseren Augen, kann sich oft ein klareres Bild von ihm machen. Ihr Beitrag ist häufig wegweisend für die prognostische Einschätzung. Auch ist durch den gemeinsamen Hausbesuch zwischen ihr und dem Patienten ein besonderes Vertrauensverhältnis entstanden, das während der gesamten Behandlungsstrecke erhalten bleibt bzw. bleiben sollte. Diese Erfahrungen haben immer wieder dazu geführt, daß die Forderung laut wurde, bei jedem stationären Patienten einen gemeinsamen Hausbesuch durchzuführen.

Auch im Rahmen der unmittelbaren Entlassungsvorbereitung ist ein Hausbesuch häufig nützlich. Zugegeben: Manchmal handelt es sich hierbei um eine Kontrollmaßnahme, und manchmal ist der Hausbesucher auch überfürsorglich und unterschätzt die Selbständigkeit des Patienten. Sehr aufmerksam sollte man auf bestimmte Schamreaktionen des Patienten achten. Manchem Kranken ist es furchtbar unangenehm, einem Fremden Zutritt zu seiner Wohnung zu gewähren, die sich möglicherweise in gänzlicher Unordnung befindet. Er ringt mit Ausreden, um einen Hausbesuch zu vermeiden. Behutsamkeit und Taktgefühl sind dann am Platze, denn nicht jeder Patient ist froh und stolz, nach durchlaufener Erkrankung einen Therapeuten als Besucher und Gast in seinem eigenen Reich empfangen zu können. Der Hausbesucher muß genau hinschauen und dann abwägen, welchen Bedürfnissen und Interessen Vorrang einzuräumen ist.

6 Die Technik des Hausbesuchs

Der Akut-Hausbesuch

Wenn es die Personalstärke des ambulanten Behandlungsteams zuläßt, sollten alle Erst- und Krisen-Hausbesuche immer zu zweit durchgeführt werden. Jeder Hausbesuch, der nicht auf Wunsch und gemäß einer Vereinbarung mit dem Patienten zustande kommt, ist ein Krisen-Hausbesuch. Auch die Notwendigkeit, schnell zu handeln und nicht abwarten zu können, gehört zur Definition des Akut-Hausbesuchs.

Bevor die Hausbesucher ins Auto steigen oder sich aufs Fahrrad schwingen, müssen sie rasch versuchen, weitere Informationen über den Patienten, seine mögliche Erkrankung und sein Umfeld zu bekommen. Es ist hilfreich, sich die nachfolgenden Fragen zu stellen:

Ist der Patient der Ambulanz bekannt oder nicht?

Wenn ja, welche Erkrankung liegt vor, wie ist der Krankheitsverlauf, und worin bestand die bisherige Behandlung?

Besonders wichtig sind die Fragen:

Wie sind in der Vergangenheit die Krisen verlaufen, und wie hat der Patient auf Akut-Hausbesuche reagiert?

Öffnete der Patient die Tür, oder war es schwierig, in die Wohnung zu gelangen?

Von entscheidender Bedeutung ist die Kenntnis des Umfeldes:

Gibt es irgendwelche Vertrauenspersonen in der Umgebung des Patienten? Angehörige, die rasch zu verständigen sind? Hausarzt? Nachbarn, die evtl. einen Hausschlüssel haben?

Wenn der Hausbesucher den Krisen-Patienten kennt und über sein Umfeld gut Bescheid weiß, sind die Voraussetzungen für ein gelingendes Intervenieren gut. Viel schwieriger ist der Hausbesuch bei einem Patienten, den der Besucher überhaupt nicht kennt.

Wenn der Patient weder dem Hausbesucher noch dem Team persönlich bekannt ist, ist es um so wichtiger, mögliche Drittpersonen ausfindig zu machen.

Wer hat um den Notfall-Hausbesuch gebeten? Handelt es sich auch um einen Fremden, einen zufällig vorbeigekommenen Passanten, oder ist dieser mit dem Patienten und seiner Geschichte vertraut? Ist von anderen, näher Vertrauten etwas bekannt (z. B. von einem Angehörigen, der um die Ecke wohnt, von einem Hausarzt, der die ganze Familie behandelt, von einer Sozialstation, die regelmäßig Besuche macht)? Wenn der Hausbesucher sich auf andere Umgebungspersonen stützen kann, erleichtert dies die Kontaktaufnahme ungemein.

Sinnvoll ist, daß der Hausbesucher vorher mit demjenigen, der den Hausbesuch anfordert, auch persönlich gesprochen hat und ihm der Auftrag nicht nur übermittelt wurde.

Schlimmstenfalls wird der Hausbesucher allein vor einer verschlossenen Wohnungstür stehen, oder er ist schon flankiert von Ordnungshütern, die den Patienten ebensowenig kennen, oder von Nachbarn, die auch nichts Näheres sagen können. Was tut man, wenn nach Klingeln, Klopfen oder auch Rufen niemand öffnet? Das weitere Vorgehen hängt ganz wesentlich von der Einschätzung des hausbesuchenden Psychiaters ab.

Die wichtigsten Fragen lauten jetzt: Wie groß ist der angenommene Gefährdungsgrad des Patienten? Wie verläßlich sind die Informationen der Drittpersonen?

Kommt der Hausbesucher zu der Entscheidung, daß es unverantwortlich wäre, unverrichteter Dinge wegzugehen, wird er das gewaltsame Öffnen der Tür veranlassen (müssen). Dies ist der Feuerwehr oder auch dem Schlüsseldienst nur erlaubt, wenn Polizisten hinzugerufen werden, die dem zustimmen. Sie werden dies nur tun, wenn der Hausbesucher ihnen seine Auffassung plausibel machen kann, daß Gefahr im Verzug ist.

Bevor es zum Äußersten kommt und gewaltsam in die Wohnung eingebrochen wird, sollte sich der Hausbesucher immer fragen, ob es womöglich noch eine Alternative gibt. Wieder spielt die mögliche Einbeziehung von Drittpersonen eine wichtige Rolle. Bevor die Türe gewaltsam geöffnet wird, kann es sinnvoll sein, beim Nachbarn noch einmal zu klingeln und ihn mit dem notwendigen Fingerspitzengefühl zu fragen, wann er denn seinen Mitbewohner zuletzt gesehen hat, ob er vielleicht jemanden kennt, der einen Schlüssel zu dieser Wohnung besitzt usw. Immer wieder haben wir erfahren, daß durch kooperatives Handeln dramatische Aktionen vermieden werden konnten, was um so wichtiger ist, wenn es sich – was allerdings selten vorkommt – um einen blinden Alarm gehandelt hat.

Gelingt es, auf welche Weise auch immer, Kontakt zum Notfallpatienten aufzunehmen, so ist es selbstverständlich, daß sich der Hausbesucher sofort vorstellt und auch den Namen der Institution nennt, in der er arbeitet. Wichtiger aber als sein Name ist der hinzuzufügende Hinweis auf denjenigen, der den Hausbesuch veranlaßt hat. Schon bevor der Patient die mißtrauische Frage stellen kann, wie das Ganze denn zustande kommt, sollte der Hausbesucher konkret darauf verweisen, daß sich z. B. die Eltern Sorgen machen, weil er ihnen gegenüber Unverständliches geäußert habe, oder daß die Ehefrau Angst hat, er könne einem anderen etwas antun, oder daß die Mitbewohner ratlos sind, weil sie Schreie aus der Wohnung gehört hätten. Indem man sogleich den konkreten Umstand der Sorge oder der Angst benennt, erspart man sich viele Erklärungen und viel Argumentieren. Die Devise lautet, ohne Umschweife sofort und offen ins Gespräch zu gehen.

Jetzt entscheidet sich, ob mit dem Notfallpatienten eine irgendwie tragfähige Beziehung und Kooperation herstellbar ist und ein gemeinsamer Focus gefunden werden kann. Ein sich anbahnendes Vertrauensverhältnis dokumentiert sich zumeist darin, daß man nicht länger im Stehen auf dem Flur spricht, sondern der Entschluß gefaßt wird, sich gemeinsam in der guten Stube zusammenzusetzen.

Kommt es zu einem solchen gemeinsamen Gespräch, wird der Hausbesucher bemüht sein, eine Unterredung zwischen Notfallpatienten und dem möglicherweise anwesenden Auftraggeber des Hausbesuchs zu fördern. Vom Verlauf dieser Unterredung wird er seine weiteren Schritte abhängig machen.

Natürlich gibt es Situationen, in denen sich die Krise so zuspitzt, daß alle Kooperationsbemühungen versagen. Wenn konkrete Gefährdungen erkennbar sind, ist eine Zwangseinweisung deshalb unumgänglich. Unbedingt zu bedenken ist aber: Je ruhiger und überlegter sie organisiert wird, um so schonender ist sie für alle Beteiligten, um so geringer das damit häufig verknüpfte Trauma.

Es gibt dem Hausbesucher Sicherheit, wenn er die einzelnen Schritte, die er für eine Zwangseinweisung unternehmen muß, genau kennt und der formale Ablauf korrekt ist. Dies ist von Bundesland zu Bundesland verschieden. Auf keinen Fall sollte sich der Hausbesucher scheuen, in dramatischen Fällen die Polizei hinzuzubitten. Immer wieder läßt sich feststellen, daß Polizisten in diesen Fällen keine zusätzliche Angst auslösen, sondern durch ihre körperliche Präsenz und offensichtlich auch durch ihre Uniform eine Beruhigung herbeiführen. Jedenfalls muß der Hausbesucher schon vor Beginn der Krisenintervention wissen, wie er im Falle einer Zwangseinweisung handeln muß, welche Telefonnummer er wählen wird und wie auch ein Krankenwagen herbeizuordern ist. Wenn der Akut-Hausbesuch, wie wir empfehlen möchten, zu zweit durchgeführt wird, lassen sich die Aufgaben auch gut besprechen und aufteilen.

Der angekündigte Hausbesuch

Nur etwa 10 % aller Hausbesuche einer Ambulanz sind Akut-Hausbesuche. Viel häufiger sind Situationen, in denen nicht sofort gehandelt werden muß. In solchen Fällen ist es sinnvoll, den Patienten auf den Hausbesuch vorzubereiten und ihm den Besuch anzukündigen. Der Hausbesucher wird sich in jedem Fall überlegen müssen, welches Mittel zur Kontaktaufnahme das beste ist, ob ein Brief oder ein Telefonat angezeigt sind oder ob es möglich ist, den Hausbesuch durch vertrauensvolle Drittpersonen persönlich anzukündigen. Das Schreiben eines Briefes mit betont zurückhaltenden Formulierungen stellt sicher die Methode dar, die dem Angeschriebenen die größten Freiheiten läßt.

Bei der Auswahl der Methode, mit der das Kommen ankündigt wird, ist auch die Schichtzugehörigkeit des Patienten zu berücksichtigen. Es läßt sich feststellen, daß ein Brief mit offiziellem Briefkopf Menschen, die schon viele Jahre in sozial-ökonomisch schwachen Milieus leben, mehrängstigen als motivieren kann – ganz besonders, wenn damit eine Einladung »auf die Behörde« verknüpft ist. Das Telefonat oder der persönlich übermittelte Hausbesuchstermin hingegen können viel wohlwollender aufgenommen werden.

In bestimmten Milieus ist man es durchaus gewohnt, daß »die Fürsorgerin« nachschauen kommt. Hier gehört der professionelle Helfer zum Alltag, und man erwartet sogar, daß er sich vor Ort sehen läßt. Die distanziertere Kontaktaufnahme mittels Brief entspricht eher einem Muster, wie es in den mittleren und oberen Schichten üblich ist, die normalerweise keinen Kontakt mit den Sozialbehörden unterhalten.

Der sozialpsychiatrische Dienst kümmert sich gerade auch um Patienten, die wegbleiben, z. B. wenn der vereinbarte Termin für die Depot-Spritze nicht wahrgenommen wird. Allerdings sollte man nicht auf alle Patienten gleich reagieren und das Vorgehen durchaus vorher im Team besprechen. Es gibt Patienten, die einfach unzuverlässig sind, und man ist sich sicher, daß sie zwei Tage später unangemeldet vor der Tür stehen werden. Ganz anders ist die Situation zu werten, wenn der Patient als zuverlässig gilt. Hier darf man bei Versäumnissen oder Unregelmäßigkeiten nicht zur Tagesordnung übergehen, sondern muß alle Möglichkeiten durchspielen, die es einem erlauben, Klarheit zu gewinnen.

Wenn der Patient oder die Patientin im ambulanten Behandlungsteam wenig bekannt ist oder etwa gerade aus der Klinik entlassen wurde, ist die Situation schwerer einzuschätzen. Manchen Patienten haben wir dann den nachfolgenden Brief zugesandt:

Sehr geehrte Frau M.,
am 17.08. habe ich in der Ambulanz vergeblich auf Sie gewartet. Wir hatten einen Sprechstundentermin vereinbart, und an diesem Tag sollten Sie auch Ihre Depot-Injektion erhalten. Sie wissen, daß diese Medikation für Ihre seelische Gesundheit wichtig ist.

Bitte melden Sie sich, damit wir einen neuen Termin vereinbaren können. Sollten Sie aus irgendeinem Grund verhindert sein, in die Ambulanz zu kommen, besteht auch die Möglichkeit, daß ich Sie zu Hause aufsuche. In jedem Fall bitte ich Sie, Bescheid zu geben. Sie können – auch unangemeldet – in die Ambulanz kommen.
Mit freundlichen Grüßen

Meistens meldet sich der Patient auf ein solches Anschreiben. Manchmal hat er den Hinweis auf den Hausbesuch auch als Drohung aufgefaßt. Er möchte ihn vermeiden und wird nun seinerseits aktiv. Der Therapeut muß sich dabei im klaren sein, daß das Angebot eines Hausbesuchs in der Tat sehr weitgehend ist und nicht jedem Patienten gemacht werden kann. Er sollte in erster Linie den schwerkranken Patienten zuteil werden.

Anfang der 70er Jahre, als in Hannover die sozialpsychiatrischen Ambulanzen gegründet wurden, erhielten wir von der Polizei alle Meldungen von Suizidversuchsfällen. Beseelt von einem psychohygienischen Missionsgedanken haben wir daraufhin die Betroffenen angeschrieben und ihnen einen Beratungstermin in der Ambulanz angeboten. Das Angebot eines Hausbesuchs haben wir ebenfalls gemacht. Häufig erhielten wir keine Antwort, und dann wußten wir auch nicht weiter. In manchen Fällen erhielten wir sehr scharf formulierte Briefe mit der Frage, woher wir denn ihren Namen und ihre Adresse wüßten. Sie verbäten sich energisch die Einmischung in ihr Privatleben. Nach einigen Beratungen im Team haben wir schließlich diese Briefe an Suizidgefährdete eingestellt. Es hatten sich auch nur wenige therapeutische Kontakte daraus entwickelt.

Der Routine-Hausbesuch

In der epidemiologisch-psychiatrischen Forschung gibt es den Begriff des »unerreichten Patienten«. Es sind psychisch schwerkranke Menschen, die mit großer Dringlichkeit psychiatrischer Behandlung bedürfen, diese aber aus unterschiedlichen Gründen nicht in Anspruch nehmen. Die Schätzungen über die Zahl der »unerreichten psychiatrischen Patienten« in der (alten) Bundesrepublik Deutschland schwankten zuletzt erheblich. Die angegebenen Zahlen reichen von 20.000 bis 400.000 (vgl. BOCHNIK/KOCH 1990).

Einen großen Teil dieser Patientengruppe mit definitorisch weichen Grenzen machen chronisch schizophrene Patienten, depravierte Suchtkranke und Alterskranke aus. Durch das Mittel der Hausbehandlung erhält der Therapeut jetzt ein Instrument, mit dem er selbst Zeitpunkt, Dauer und Frequenz des therapeutischen Kontaktes bestimmen kann. Die Hausbehandlung ist nach unserer Erfahrung die adäquate Antwort auf das Problem des »unerreichten Patienten« (vgl. STOFFELS 1995). Sie gilt in erster Linie den Patienten, die in früheren Zeiten sicher in einer Anstalt gelandet wären.

Beispiel: Frau D. ist der Beratungsstelle seit drei Jahren bekannt. Sie war mehrere Male wegen ihrer schizophrenen Psychose in stationärer Behandlung. Nach der letzten Einweisung, die von der Ambulanz ausging, gelang es, engen Kontakt zu ihr aufzunehmen.

Frau D. lebt mit ihrem Mann zusammen, aber die Beziehung ist derart verhärtet, daß sie nebeneinanderher leben. Das Miteinander ist auf das Allernotwendigste reduziert, ansonsten gibt es keinerlei Kommunikation.

Anfänglich wird Frau D. sehr häufig zu Hause besucht, z. T. mehrmals in der Woche, wobei es um ganz praktische Dinge wie Baden, Haarewaschen, Einkaufen, Kochen, Putzen etc. geht. Frau D. verläßt so gut wie nie das Haus, freut sich aber sehr über die regelmäßigen Hausbesuche und genießt sichtlich die Berichte aus der »Außenwelt«.

Meistens führt die Krankenschwester der Ambulanz die Hausbesuche durch. Sie kümmert sich auch um die Kleidung von Frau D. Diese weigert sich strikt, gemeinsam einkaufen zu gehen. In langen, mühevollen Gesprächen erhält schließlich die Krankenschwester die Erlaubnis, Kleider und auch Unterwäsche für Frau D. zu kaufen. Immer wieder geht es darum, Frau D. zu aktivieren – z. B. zum Zahnarzt zu gehen –, aber die Patientin bleibt meist bei ihrer Ablehnung.

Mit der Zeit verändert sich aber die Beziehung zu ihrem Mann. Hatte sie sich bisher ihrem Mann gegenüber immer äußerst ablehnend gezeigt, so beginnt sie nun, wieder auf ihr Äußeres zu achten und den Haushalt zu versorgen, was auch ihren Mann verändert, der lebhafter und aktiver wird.

Über viele Monate erhält Frau D. ein Depot-Neuroleptikum, das zunehmend reduziert werden kann. Jetzt sind zweiwöchentliche Hausbesuche zur festen Behandlungsroutine geworden. Sie sind für Frau D. sehr wichtig. Das Verhältnis zu ihrem Mann, der ihre einzige Bezugsperson ist, hat sich auch aus ihrer Sicht verbessert.

Die aufsuchende Langzeitbetreuung steht vor dem Problem, den Patienten weder über- noch unterfordern zu dürfen. In Zeiten erhöhter Lethargie, Antriebsarmut, Vermeidung sozialer Kontakte, drohender Vernachlässigung und Verwahrlosung sind zweifellos hochfrequente Hausbesuche sinnvoll. Andererseits muß der Hausbesucher darauf achten, daß durch seine aktive Haltung kein »ambulanter Hospitalismus« entsteht, also eine Zunahme von Passivität, Gleichgültigkeit oder Anspruchlichkeit. Aus diesem Grunde wird der Therapeut auch den chronisch Kranken immer wieder ermuntern, die Ambulanz aufzusuchen und ihn bitten, dort Bericht über sich und seine Lage zu geben. Der Hausbesuch kann dann wieder das sporadisch eingesetzte Mittel sein, um zu prüfen, ob Berichte und Wirklichkeit übereinstimmen, denn es ist bekannt, daß manche schizophrene Patienten auf verbalem Wege kein adäquates Bild ihrer Realsituation geben können.

7 Hausbesuche und Krankheitsbilder

Bei den Vorbereitungen und der Durchführung von psychiatrischen Hausbesuchen müssen viele Gesichtspunkte berücksichtigt werden. Ein wichtiger Gesichtspunkt ist die jeweilige Psychopathologie des Kranken. Sie ist eine von mehreren Determinanten für den Handlungsablauf und erlaubt, charakteristische Facetten der aufsuchenden Behandlung kenntlich zu machen. Vor einer zu großen Schematisierung psychiatrischer Ambulanztätigkeit wollen wir jedoch warnen, weil sie dem lebendigen Geschehen und der situativen Vielfalt nicht gerecht wird. Dennoch wollen wir im folgenden einige grundlegende Zusammenhänge zu verschiedenen Krankheitsbildern beschreiben.

Eine Zwickmühle – Der Hausbesuch beim depressiv Erkrankten

Selten sind es depressive Menschen, die um einen Hausbesuch bitten. Meist sorgen sich ihre Angehörigen. Oder der Therapeut ahnt die Gefährdung des Kranken, weil er verstummt ist, den Gesprächstermin nicht eingehalten hat und entgegen seiner sonstigen Zuverlässigkeit und Pünktlichkeit nicht einmal einen Termin absagte. Der schwer depressive

Patient wünscht nicht den Kontakt, er meidet ihn, da er keinen Sinn darin erblicken kann.

Auch der Hausbesucher muß sich bewußt sein, daß jede seiner Handlungen in den Augen des depressiv Erkrankten meist die »falsche« ist. Verzichtet er auf das Aufsuchen des Kranken, ist dies dem Depressiven Zeichen dafür, daß ihn auch sein Therapeut aufgegeben hat. Wird der Therapeut aktiv und geht dem Kranken nach, sieht der depressive Patient darin eine zusätzliche Belastung und Erschwernis.

Gerade für den schwer depressiv Erkrankten kann eine Klinikbehandlung, wenngleich sie ihn mit Schrecken erfüllt, entlastend wirken. Der Patient ist nicht unfähig, er ist krank. Er ist nicht derjenige, der seinen Pflichten nicht nachkommt, vielmehr ist er derjenige, dem gegenüber andere in der sorgenden Pflicht stehen. Eine rigide Handhabung des Prinzips, eine Klinikeinweisung immer möglichst zu umgehen, kann in diesem Fall unangebracht sein.

Besondere Aufmerksamkeit ist angezeigt, wenn der Kranke spontan von seiner großen Angst spricht, womöglich in eine psychiatrische Klinik eingeliefert zu werden. Manchmal solidarisieren sich die Angehörigen mit seiner Befürchtung und sind zu großen Opfern und großem Verzicht bereit. Da die Verhinderung einer Klinikaufnahme eine Leitidee psychiatrischer Ambulanztätigkeit ist, kann es unter Umständen zu einer sinnvollen Kooperation zwischen Therapeuten und Angehörigen kommen. Aber leicht können auch alle Beteiligten überfordert sein.

Beispiel: Vor zehn Jahren entwickelte sich bei dem 70jährigen Patienten A. zum ersten Mal eine depressive Psychose. In den zurückliegenden Jahren mußte er wiederholt in die Klinik eingewiesen werden. Zeitweilig litt er auch an einem

Schuld- und Versündigungswahn. Aber auch in den klinik-
freien Intervallen blieb er schwer verändert.

Durch eine Kriegsverletzung ist der Patient unterschenkel-
amputiert. Er trägt eine Prothese, mit der er zunehmend
weniger zurechtkommt. Das körperliche Handicap verstärkt
die Immobilität.

Schließlich faßt die Ambulanz den Beschluß, den Patienten in regelmäßigem Abstand zu besuchen. Jetzt sucht ihn in
14tägigem Wechsel der betreuende Sozialarbeiter auf, das
andere Mal kommt er gemeinsam mit dem betreuenden Arzt.

Die zwei Jahre ältere Ehefrau öffnet immer die Tür. Sie
leben in einer kleinen 2-Zimmer-Wohnung. Der Patient liegt
meistens auf dem Sofa oder im Bett. Er antwortet nur knapp
und stereotyp.

Deutlich wird, daß eine Tagesstrukturierung fehlt und sich
der Tag-Nacht-Rhythmus zunehmend verschiebt. In den Gesprächen geht es immer wieder darum, den Patienten zu
kleinen, regelmäßigen Spaziergängen zu motivieren. Der Patient bleibt verschlossen und abwehrend.

Zunehmend entwickelt sich ein vertrauensvoller Kontakt
zwischen Hausbesucher und Ehefrau des Erkrankten. Sie
nimmt die Besuche sehr dankbar an. Sie ist es auch, die darauf
achtet, daß ihr Mann die Medikamente einnimmt. So bildet
sich eine kleine therapeutische Gemeinschaft, die sich darin
bestärkt, einen chronisch depressiven Menschen zu unter-
stützen.

Das Thema »Suizidalität« wird den Hausbesucher nicht un-
berührt lassen. Er wird es sowohl mit dem Kranken als auch
mit dessen Angehörigen erörtern und die Risiken eines weiteren Verbleibs zu Hause offen ansprechen.

Nicht selten wird der Hausbesucher erst durch den Hausbesuch auf das Ausmaß der depressiven Verfassung seines Patienten aufmerksam. Zu seiner Überraschung findet er eine Wohnung vor, die penibel aufgeräumt ist. Hatte der Kranke ihm nicht verzweifelt zu schildern versucht, daß ihm alle Dinge über den Kopf wachsen und seine Wohnung zu verwahrlosen drohe? Manchmal fällt es schwer, den Kranken in diesen Augenblicken ernstzunehmen.

Manchmal straft der depressiv Erkrankte Bemühungen um die Organisation seines Alltags mit einer gewissen Verachtung. Fragen nach körperlichen Bedürfnissen, ob er genug esse, ob er sich waschen und pflegen könne, ob er in der Lage sei, Einkäufe zu tätigen, liegen ihm fern oder scheinen ihm Qual zu bereiten. Der Hausbesucher aber wird davon nicht absehen dürfen und dem Patienten unter Umständen einige alltägliche Aufgaben abnehmen, ohne ihn in zusätzliche Dankesschuld zu drängen oder die Depression zu verstärken. Konkrete Hilfen im Alltag gehören selbstverständlich zum professionell-psychiatrischen Tun.

Schwer anzutreffen – Der manisch Erkrankte

Das Typische bei manischen Personen ist, daß die Kranken zu Hause nicht angetroffen werden. Angetroffen werden hingegen diejenigen, die den Therapeuten herbeiriefen. Sie sind alarmiert und nicht selten in heller Aufregung, da sie schlimme Befürchtungen hegen. Sie haben die gänzliche Unzugänglichkeit des Manikers schockierend erlebt.

Wenn der Patient nicht angetroffen wird, ist der herbeigerufene Hausbesucher in Versuchung, unverrichteter Dinge wieder wegzugehen. Dies sollte er jedoch nicht tun. Vielmehr sollte er aufklärend und erklärend den Angehörigen zur Verfügung stehen. Sicher wird er deren Bitten, dem Kranken in irgendeiner Weise disziplinarisch zu begegnen, nicht folgen (können), aber er wird eingehend Möglichkeiten und Grenzen des Intervenierens darlegen.

Im Umgang mit dem manischen Patienten erstaunt es immer wieder, daß es doch gelingen kann, therapeutische Maßnahmen durchzusetzen. Auch wenn der Patient beteuert, nicht krank zu sein, ist er manchmal durch Eindeutigkeit im therapeutischen Verhalten zu beeindrucken, und es lassen sich vormundschaftlicher Zwang oder Klinikeinweisung umgehen. Es ist das angezeigt, was ERNST (1981) mit »vorwurfsfreiem Vorhalt« meint. Frei von moralischer Verurteilung soll dem Patienten die Wirklichkeit dargelegt werden. Ernst schreibt: »Der Sprachgebrauch, der, ohne zu beschönigen, doch nicht unnötig kränkt und der bei aller Sachlichkeit die Anteilnahme nicht ausschließt, ist lernbar.« (ERNST 1981, S. 113)

Beispiel: Eine 46jährige Patientin, die im Alter von 18 Jahren erstmals erkrankte, leidet an der seltenen Verlaufsform einer Affektpsychose, die mit manischen Phasen einhergeht. Trotz medikamentöser Rückfallprophylaxe in den vergangenen Jahren kommt es immer wieder zu Krankenhausaufenthalten. In den »freien« Zeiten findet eine ambulante Behandlung in der sozialpsychiatrischen Beratungsstelle statt. In diesen Zeiten kann die Patientin ihrer Berufstätigkeit als Büroangestellte nachgehen.

Es kündigt sich wieder eine Verschlechterung an: Die Patientin klagt über Schlafstörungen, sie wird umtriebig, ein zunehmender Rededrang ist zu bemerken. Trotz Erhöhung der Medikamente keine Besserung. Die Patientin kommt nicht zu den vereinbarten Terminen, überhäuft in den nächsten Tagen die Beratungsstelle mit Telefonaten. Durchs Telefon ist die hochgradig gereizte Stimmung erkennbar. Es kann nicht so weitergehen.

Ein Hausbesuch wird beschlossen: Unten vor der Haustür wird in völlig hilflosem Zustand die 18jährige Tochter der Patientin angetroffen. Sie wisse nicht ein noch aus, könne die Mutter in der jetzigen Verfassung nicht ertragen; sie weint und schüttelt nur noch den Kopf.

Nach mehrmaligem Klingeln öffnet die Patientin. Sie ist nur spärlich bekleidet, sie kann kein Gespräch im Sitzen führen, springt auf, folgt hektisch und sprunghaft immer neuen Ideen. Zunächst war ihre Stimmungslage gehoben und heiter, dann zunehmend gereizt. Sie beschimpft die Hausbesucher, wird immer erregter. Die Wohnung selbst ist sehr unaufgeräumt, überall verstreut liegen irgendwelche Gegenstände, Geschirr, überquellende Aschenbecher.

Auf den Versuch, die Patientin für eine stationäre Behandlung zu gewinnen, reagiert sie zunehmend angstvoll, läuft auf den Balkon, schreit laut um Hilfe. Auch die Hausbesucher sind ratlos, haben große Sorge, die Patientin könne sich womöglich vom Balkon stürzen. Jetzt greifen sie auch körperlich ein, halten die Patientin fest und veranlassen über Telefon eine akute Zwangseinweisung. Sie begleiten die Patientin im Krankenwagen. Sie ist so erregt, daß vorher die intravenöse Gabe von Beruhigungsmedikamenten unumgänglich ist.

Angst vor dem Fremden – Der Wahnkranke

Der Hausbesuch beim floride psychotisch erkrankten Menschen ist mit Angst verknüpft. Durch den Wahn ist der Kranke ein Fremder geworden, dessen Handlungen kaum vorhersehbar und berechenbar sind. Die »Schrankenstörung« der

Psychose äußert sich beim paranoiden Wahn in einer heftigen Abwehrhaltung. Ein Hausbesuch kann vom Patienten als besonders bedrohlich erlebt werden, und so wird der Hausbesucher zu Recht die Art seines Vorgehens sorgfältig abwägen müssen, und er wird sein besonderes Augenmerk darauf lenken, trotz seines Eindringens Distanz zu halten.

Außerordentlich wichtig ist es, die Hausbesuchssituation sofort zu strukturieren. Es sollte vermieden werden, daß ein kommunikatives Vakuum oder eine diffuse Atmosphäre entstehen, welche viele Deutungszuschreibungen zuläßt. So wird der Hausbesucher gleich zu Anfang den professionellen, ärztlich-fürsorgerischen Auftrag in den Vordergrund rücken.

Es ist eine psychiatrische Erfahrung, daß selbst in gefährlichen, wahnhaft verzerrten Situationen die mutige Strukturierung der Situation, zumindest vorübergehend, den Kranken entängstigt und ihm Halt gibt. Schon Pinel (1745-1826) erzählt, daß die Frau des Aufsehers in der Bicêtre einen Kranken, der mit einem Hackmesser in der Hand auf einem Tisch stehend sich gegen seine Umgebung verteidigte, dadurch zum Herunterspringen und zur Aufgabe brachte, daß sie ihn aufforderte, mit ihr Hausarbeit zu verrichten. Auch ist die Geschichte eines Psychiaters bekannt, der einem Wahnkranken, welcher mit gezücktem Messer vor ihm stand, entschieden aufforderte, die Zunge herauszustrecken, was dieser in der Tat befolgte, so daß die Situation glimpflich abging.

Das sind Kuriositäten, treffen aber einen bestimmten Kern.

Beispiel: Wir erinnern einen angsterregenden Hausbesuch. Ein Wahnkranker stand in seiner Wohnung und hielt seinen Säugling fest in den Armen. Niemand konnte sich ihm nähern, ohne zugleich das Baby zu gefährden. Es war unklar, was im nächsten Augenblick passieren würde. Zum Glück kannte der Hausbesucher den Kranken und erinnerte sich, daß er ein Sportnarr war, der im Fitneß-Center Liegestützrekorde aufstellte. Kurzerhand fragte er ihn nach seinem letzten Liegestützrekord. Er verwickelte den Kranken in ein Gespräch und schlug ihm schließlich vor, sich mit ihm zu messen. Sofort war der Kranke bereit, das Kind in die Obhut der Krankenschwester zu geben, und Hausbesucher und Patient machten im Wohnzimmer Liegestütz um die Wette, was – verständlicherweise – bei den dazukommenden Krankenwagenfahrern eine nicht geringe Verwunderung auslöste.

Nach jahrelangen Erfahrungen mit psychiatrischen Hausbesuchen kann gesagt werden, daß es nur in denkbar wenigen Fällen zu Tätlichkeiten kommt. Ernsthaftere Verletzungen auf seiten der Hausbesucher kommen höchst selten vor. Ähnliches berichten aus Paris WOODBURY/WOODBURY (1969).

Distanzverhalten und Situationsstrukturierung sollen den Boden für ein Gespräch mit dem Wahnkranken ebnen. Nicht selten kann sich der Hausbesucher auf »gesunde Anteile« stützen, und es schadet nicht, wenn er wie selbstverständlich davon ausgeht, daß der Patient über die Fähigkeit zur »doppelten Buchführung« verfügt. So kann ein Gespräch durchaus mit der offen ausgesprochenen Frage beginnen, welche Möglichkeiten zur Minderung von Angst dem Patienten zur Verfügung stehen.

Eine große Erschwernis für den therapeutischen Umgang mit dem Wahnkranken kann seine Neigung sein, sein »wirkliches« Erleben zu verbergen. Das, was der Therapeut zu Gesicht bekommt, sind nur Abwehr und Verschlossenheit. Den Therapeuten können Zweifel beschleichen, ob sein Eindruck, es liege ein Wahn vor, überhaupt stimmt. Ein Hausbesuch kann Klarheit bringen: Die heruntergerissenen Tapeten

(weil dahinter Abhörgeräte sein könnten), die beklebten Steckdosen (weil daraus Strahlen dringen könnten), die Entfer-
nung aller Lampen (weil diese Gift verströmen könnten)
sprechen eine klare Sprache. Wenn in der Küche alle Nah-
rungsmittel fehlen, dominiert der Wahn inzwischen über alle
Aktionen. Jetzt muß offen geredet werden. Der Therapeut
jedenfalls, weil er als Hausbesucher auftritt, hat jetzt ein
sicheres Urteil über die Hilfe, die der Patient braucht.

Manipulationsversuche – Der Hausbesuch beim Suchtkranken

Suchtkranke Personen neigen dazu, ihre Umgebung in den
Dienst der Sucht zu stellen. Nicht nur der Sucht-Stoff, der
Alkohol und die Medikamente, sondern auch die Nächsten
des Kranken werden mißbraucht. Wenn sie den Mißbrauch
dulden oder nicht bemerken, sprechen wir vom Co-Alkoho-
lismus.

Der aufsuchende Therapeut gerät leicht in den Dunstkreis
solcher Konstellationen und Manipulationen. Es ist bekannt,
daß Suchtkranke einen hohen Prozentsatz der Klientel des
allgemeinärztlichen Notfalldienstes ausmachen. Sie umgehen
eine kontinuierliche Behandlung (z. B. durch den Hausarzt,
den Psychotherapeuten oder den Psychiater), suchen die an-
onyme Hilfe, die die Sucht verlängert und aufrecht erhält,
z. B. durch Verordnung weiterer Beruhigungsmittel.

Wenn der Therapeut bemerkt, daß der Patient versucht,
ihn zu mißbrauchen (z. B. durch die Anforderung eines
Hausbesuches, weil er wieder getrunken hat, sich nun
schlecht fühlt und der therapeutischen Zuwendung bedürftig
zu sein meint), sollte seine Reaktion nicht darin bestehen,

sich empört abzuwenden. Auf diese Weise beurteilt er ein spezielles Krankheitsverhalten als moralisch.

Dennoch wird er die Indikation zum Hausbesuch beim Suchtpatienten besonders kritisch stellen. Ein unangemessener therapeutischer Aktivismus schadet dem Kranken. Der Suchtkranke wird in seiner Selbstverantwortlichkeit geschwächt, wenn der Therapeut ihm Entscheidungen und Wege (z. B. durch den Hausbesuch) abnimmt, wenn er für ihn Notsituationen regelt, sich um seine Termine bei den Behörden oder den Selbsthilfegruppen kümmert. Der Therapeut wird aber immer, auch wenn er den Wünschen des Kranken nicht unmittelbar nachkommt, exakte Informationen geben, wie die erfolgversprechende Behandlung auszusehen hat. Auch sollte er immer versuchen, die Angehörigen mit einzubeziehen.

Eines sollte aber immer bedacht werden: So sehr es beim Suchtkranken indiziert sein kann, sich seinen Wünschen zu widersetzen und »hart« zu bleiben, so dürfen die schweren psychiatrischen und körperlichen Folgeerscheinungen der Sucht nicht übersehen werden: Delirante Zustände, chronisch-organische Psychosyndrome, auch körperliche Gefährdungen. Manche Suchtkranke versetzen sich durch fortgesetztes Exzessivtrinken in Rauschzustände, bei denen der Tod in Kauf genommen wird. Auch ist zu differenzieren, ob die Suchterkrankung auf dem Boden einer anderen, z. B. schizophrenen Störung entstanden ist.

Beispiel 1: Der Ehemann von Frau S. ruft in der Sozialpsychiatrischen Beratungsstelle an: Seine Frau verhalte sich seit einigen Tagen ganz merkwürdig, sie streue Vogelfutter ins Schlafzimmer, um die dort von ihr gesehenen Vögel zu füttern bzw. von der Bettdecke wegzulocken. Sie behaupte, diese imaginären Vögel würden an ihrem Körper herumpikken, sie belästigen und am Schlaf hindern. Eine Möglichkeit, seine Frau zum Besuch der Beratungsstelle zu bewegen, sehe er nicht.

Beim Hausbesuch erscheint Frau S. zunächst ganz unauffällig, bleibt aber bei ihren Darstellungen. Keine auffälligen vegetativen Zeichen. Ein Alkoholkonsum wird verneint und ist dem Ehemann auch nicht bekannt. Was ist zu tun? Befreundete Nachbarn kommen hinzu und berichten den Besuchern hinter vorgehaltener Hand, daß Frau S. jeden Morgen, wenn ihr Mann die Wohnung zur Arbeit verlassen hat, leere Flachmänner entsorge und sich stets auch neue besorge. Jetzt wird die Genese des atypischen Delirbildes verständlich, und es kann eine angemessene Behandlung (hier: eine stationäre Entzugsbehandlung) eingeleitet werden.

Beispiel 2:   Vor einem Jahr starb der Lebensgefährte der 61jährigen Frau T. Seitdem lebt sie sehr zurückgezogen. Mit ihrem Lebensgefährten hatte sie über viele Jahre dem Alkohol sehr zugesprochen, jetzt trinkt sie immer mehr. Die Nachbarn machen sich Sorgen, rufen schließlich den Notarzt, um Frau T. in die Klinik bringen zu lassen. Zuletzt hatte sie nichts mehr gegessen, und ihr Allgemeinzustand war bedrohlich.

Nach der Entlassung aus der stationären Behandlung sollte eine spezielle suchttherapeutische Behandlung in der Ambulanz beginnen. Frau T. teilt jedoch telefonisch mit, es ginge ihr jetzt gut, sie habe einen Hund und wieder Sinn im Leben gefunden.

Die Ambulanz wartet ab. Nach einigen Wochen melden sich die Nachbarn, sie möchten sich nicht schon wieder an den Notarzt wenden, wenn alles zu spät ist, aber Frau T. ziehe sich schon wieder zurück und trinke auch wieder. Jetzt werden die Therapeuten aktiv, versuchen telefonisch und schriftlich Kontakt aufzunehmen. Schließlich klingeln sie an der Wohnungstür. Tatsächlich ist Frau T. alkoholisiert, noch am Nachmittag im Morgenmantel, die Wohnung nicht im besten Zustand. Aber sie leugnet den Alkoholkonsum und schiebt alles auf einen momentanen grippalen Infekt.

Im Gespräch wird sie mit den Weinflaschen konfrontiert, die in den Zimmerecken stehen. Jetzt bittet sie doch um Hilfe, möchte aber nicht in die Klinik. Die Therapeuten sehen noch einige Lebensmittel in der Küche, gehen das Risiko ein, vereinbaren einen ambulanten Termin, und in der Tat erscheint Frau T. schon am nächsten Tag in der Ambulanz, nüchtern, in Begleitung ihres Hundes. Es beginnt die schon vor Wochen geplante ambulante Suchttherapie.

Besser zu früh als zu spät – Der Hausbesuch beim psychisch Alterskranken

Im Bereich der psycho-geriatrischen Versorgung gewinnen die nachgehenden und aufsuchenden Behandlungs- und Betreuungsformen immer mehr an Bedeutung. Die Immobilität im Alter, die zunehmende Isolation und Abhängigkeit von externen Hilfen, die Gebrechlichkeit fordern eine »Geh-Struktur« der therapeutischen Beziehung.

Die aufsuchende psychiatrische Behandlung und Betreuung wird in enger Kooperation mit anderen Diensten, mit dem Hausarzt, dem Internisten, der Sozialstation durchgeführt. Der Psychiater selbst wird Zurückhaltung üben, nicht nur weil ihm für die körperlichen Gebrechen (Hypertonie, Herzinsuffizienz, Herzrhythmusstörungen, Diabetes mellitus, Bronchialleiden etc.) die diagnostische und therapeutische Kompetenz fehlt, sondern auch, weil der kranke alte Mensch es häufig mißversteht, wenn ihn ein Psychiater besucht. Dies ist ihm manchmal eine weitere Kränkung.

In vielen Fällen ist die Hinzuziehung des Psychiaters für Diagnose und Therapie aber unerläßlich. Wird im Bereich der Alterspsychiatrie nur oberflächlich diagnostiziert, führt dies zu Fehlplazierungen. Auch wird beim alten Menschen eine psychoreaktive Genese seiner Störungen häufig übersehen. Man geht von der irrigen Annahme aus, daß im Alter die biologischen Faktoren ganz dominieren. Vor allem die Psychopharmako-Therapie erfordert besondere Umsicht und fortlaufende Beobachtung.

Ein Hausbesuch ist unerläßlich, wenn die Einrichtung einer »Betreuung« diskutiert wird. Nur durch einen Hausbesuch ist ein realistisches Bild von der individuellen Lebenssituation der konkreten Person zu gewinnen. Erst das Verhalten in der eigenen Wohnung läßt eine Person plastischer erscheinen. Außerdem sind Gespräche mit Angehörigen und Nachbarn unverzichtbar.

Die psychiatrische Hauspflege muß sich auf ein differenziertes Netz von Institutionen stützen. Die Angebote sind aufeinander abzustimmen. Es kann durchaus geboten sein, den Alterskranken von zu Hause abzuholen und ihn beispielsweise zur Tagesstätte, zur Altengruppe oder zu einem anderen Freizeitangebot zu begleiten.

Traurig stimmen Situationen, in denen der psycho-geriatrische Ambulanzdienst erst dann gerufen wird, wenn es »zu spät« ist. Dann bleibt oft nur die Möglichkeit der Hospitalisation, weil die Angehörigen überfordert sind, die Nachbarn alle Verantwortung von sich weisen und der Kranke sich nicht selbst überlassen werden kann. Hier ließe sich durch frühzeitiges Hinzuziehen fachlicher Hilfen viel bewirken.

Beispiel: Frau Helene K. ist 86 Jahre alt. Sie geht zur Polizeidienststelle und beklagt sich darüber, daß bei ihr eingebrochen werde. Speziell habe man es auf ihre Aussteuer abgesehen, die aber gut verschlossen in einer Truhe untergebracht sei. Die Polizisten ahnen, daß nicht alles mit rechten Dingen zugeht, nehmen zwar die Anzeige auf, bitten aber dann die psychiatrische Ambulanz um Mithilfe.

Ein Hausbesuch findet statt: Frau K. ist dankbar für den Kontakt. Sie berichtet, daß sie seit Jahrzehnten in dem Hause wohnt. Alle bekannten Hausbewohner sind inzwischen verstorben, zuletzt zogen nach und nach ausländische Mieter ein. Sie fühle sich unwohl und käme nachts nicht zur Ruhe, weil die kleinen Kinder der Familien sehr lange wach blieben.

Es entwickelt sich eine Vertrauensbeziehung, und es gelingt, Frau K. in die wöchentliche Kaffeerunde in die Ambulanz einzuladen. Allerdings kommt Frau K. nur mit größtem Unbehagen, weil sie Angst hat, in der Zwischenzeit könne bei ihr eingebrochen werden.

Eine körperliche Erkrankung nötigt sie zu einem Krankenhausaufenthalt. Sie will ihn nur antreten, wenn ihr zugesichert wird, daß jemand täglich in ihrer Wohnung nachschaut, ob es zu einem Einbruch gekommen ist. Frau K. wird beruhigt und beschwichtigt. Und es geschieht das Unwahrscheinliche: eines Tages ist in der Tat eingebrochen worden. Wie soll dies Frau K. beigebracht werden? Ihre Reaktion allerdings ist überraschend. Der Besuch im Krankenhaus endet nicht mit Vorwürfen. Vielmehr führt die kleinlaut vorgetragene Beichte vom Einbruch bei Frau K. zu einem Triumph: Sie habe ja immer recht gehabt!

Die Betreuung mit gelegentlichem Hausbesuch und Kaffeerundenteilnahme wird auch nach der Krankenhausentlassung erfolgreich fortgesetzt.

Das rechte Maß an Stimulierung –
Der Hausbesuch beim chronisch psychotisch Kranken

Die Mehrzahl psychiatrischer Hausbesuche gilt der Gruppe der chronisch psychotisch Kranken. Es ist anzunehmen, daß viele der kranken Personen in früheren Zeiten in der psychiatrischen Anstalt verblieben wären. Jetzt versucht der Ambulanzdienst sie zu erreichen und zu betreuen. Häufig kennt der Therapeut den Kranken aus langjährigem Kontakt. Er weiß um seine besonderen Schwächen und kennt auch die ersten Anzeichen eines beginnenden Psychoseausbruchs, gelegentlich kann er sogar den Verlauf einer Krise vorhersagen.

Die Langzeitbetreuung steht vor dem Problem, den Patienten weder zu über- noch zu unterfordern. Das rechte Maß einer optimalen Stimulierung muß immer erneut ausgelotet werden. In Zeiten erhöhter Lethargie, Antriebsarmut, drohender Vernachlässigung, Vermeidung sozialer Kontakte und Verpflichtungen sind zweifellos hochfrequente Hausbesuche ratsam. Es ist notwendig, nach dem Rechten zu schauen und beispielsweise dafür zu sorgen, daß die Mietzahlung auch überwiesen wird.

Der Langzeittherapeut fungiert in der Tat als Hilfs-Ich, das die Behinderungen des chronisch Kranken auszugleichen sucht. Ein gewisses Maß an sozialer Abkapselung wird er dem Kranken zugestehen, insbesondere wenn man davon ausgeht, daß bestimmte Haltungen als Schutzmechanismen aufgefaßt werden können.

Natürlich wird der Therapeut darauf achten, ob durch seine aktive und mobile Haltung eventuell ein »ambulanter Hospitalismus« entsteht, d. h. ein Mehr an Passivität, Gleichgültigkeit und Anspruchlichkeit. Ab und zu sollte er deshalb prüfen, ob ungewollt Gewöhnungseffekte entstanden sind, und er wird den Kranken auch zum Aufsuchen der Ambulanz veranlassen und ihn bitten, dort zu berichten, wie es ihm in seiner Wohnung ergeht.

Zur Erläuterung des Phänomens »ambulanter Hospitalismus« hat SELVINI-PALAZZOLI(1987) eine eindruckvolle kasuistische Darstellung gegeben: Nach langjährigem Anstaltsaufenthalt wird in Mailand ein chronischer Patient entlassen und in die Obhut eines sozialpsychiatrischen Teams gegeben. Das ambulante Team bemüht sich intensiv um den Patienten, besucht ihn häufig zu Hause, regelt alle seine Angelegenheiten, auch die finanziellen. Jedoch: Der Patient wird immer unzufriedener und immer anspruchlicher, fordert ein Mehr an Zuwendung und Betreuung (auch an Geld), dem die Therapeuten, soweit sie es vermögen, auch nachkommen. Der Patient wird immer unersättlicher, schließlich gereizt und aggressiv und zertrümmert in einem Wutanfall die Fenster der Ambulanz. – Jetzt ist Supervision angesagt.

SELVINI-PALAZZOLI setzt eine drastische Änderung der therapeutischen Strategie durch: Verminderung der Zahl der Hausbesuche, feste Sprechstundentermine, bei Gewalttaten wird nicht der Psychiater, sondern die Polizei gerufen. Tatsächlich ändert sich der Patient und wird selbständiger. Offensichtlich hatte der therapeutische Aktivismus die »gesunden Anteile« des Patienten untergraben und unterschätzt.

Die Krisen bei chronisch psychotisch Kranken verlaufen häufig sehr charakteristisch. Der Patient klagt dann über Schlafstörungen, Unruhe, Unkonzentriertheit, Unstetigkeit usw. Dahinter besteht aber die Gefahr des Umkippens in florides psychotisches Erleben. Der erfahrene Langzeittherapeut wird nicht in jeder Krise alle Anstrengungen darauf richten, eine Klinikeinweisung zu verhindern. Manchmal wird er den Patienten sogar drängen, sich kurzfristig in der Klinik »zu erholen«. Auf diese Weise können Zuspitzungen vermieden und insbesondere traumatisierende Effekte einer Zwangshospitalisation abgemildert werden.

Wenn der chronisch Kranke in einer Familie lebt, werden manchmal die Beziehungen zwischen den Familienangehörigen und dem Therapeuten intensiver sein als zwischen Patient und Therapeut. KATSCHNIG (1976) schreibt:

»Ein motivierter und informierter Angehöriger dürfte immer noch die beste primäre Hilfe bieten, die ein schizophrener Patient erhalten kann, und in einem teilweise ›entprofessionalisierten‹ gemeindenahen Betreuungssystem sollte gerade den Angehörigen eine Schlüsselstellung zukommen.«

Die Angehörigen bedürfen der Unterstützung. Häufig ist es die Erfahrung der Ohnmacht, wenn der Kranke sich dem vernünftigen Zureden verweigert, die zu einer gespannten Atmosphäre und zu familiärem Streit führt. Das Auftauchen eines neutralen Dritten kann rasch zu einer Entspannung beitragen. Eine Klinikeinweisung kann überflüssig werden. Dies ist der Grund, warum die Angehörigenorganisationen immer wieder darauf hinweisen, daß sie Unterstützung durch notfallmäßig arrangierte Hausbesuche erhalten müssen.

Je besser der Therapeut die Familie kennt, um so adäquater wird sein Handeln in einer Krisensituation sein. Sonst kann er leicht getäuscht werden. Typisch ist der von den Angehörigen dringend angeforderte Notfall-Hausbesuch, bei dem der Hausbesucher auf einen ruhigen und geordneten Patienten trifft. Er ist erstaunt und mutmaßt, daß überängstliche und überfürsorgliche Angehörige die Situation dramatisiert haben. Daß die Verfassung des Kranken jedoch eine Stunde zuvor eine ganz andere war und er sich in einem hochgradigen Erregungszustand befand, wird von ihm übersehen oder nicht für möglich gehalten. Mit Vorwürfen gegen die Angehörigen, unnötigerweise Alarm geschlagen zu haben, zieht er wieder von dannen... Ein solcher Hausbesuch wäre dazu angetan, die häufig zu beobachtende Verbitterung der Angehörigen zu verstärken.

Panoptisch beschreibt KISKER (1978), unschlagbar plastisch, die Gegebenheiten unter der Überschrift: *Einen chronisch psychotischen Menschen »ausgraben«*:

»Der lebt, vielleicht seit Jahren, verbarrikadiert, halb verwahrlost, notdürftig von Nachbarn versorgt. Er wittert allenthalben Feinde und schleicht eben noch in der Dämmerung zum nächsten Tengelmann. Lange Zeit kann solch ein Mensch in seiner Angstwelt auskommen, ohne sich und anderen lästig zu werden. Doch es kommt immer der Punkt, wo er dem Verhungern nahe ist, andere durch unbesonnenes Umgehen mit Feuer gefährdet oder seuchenhygienisch zum Problem wird. Bevor man zum traditionellen Vorgehen greift – das manchmal gar nicht zu umgehen ist: Ordnungsamt, Polizei, gewaltsamer Zugang, Zwangsjacke, Abtransport ins psychiatrische Krankenhaus, Zwangsräumung usw. –, sollte man geduldig versuchen, zum psychotischen Eremiten einen therapeutischen Zugang zu finden. Das bedeutet oft einen Monate währenden Prozeß der Beziehungssuche: Erkundung der Situation bei Nachbarn und Verwandten, regelmäßige Besuche mit vorwurfs- und forderungsfreien Gesprächen durch die verschlossene Tür, Deponierung von Nahrung vor dieser Tür und, wenn diese sich geöffnet hat, behutsamer Aufbau einer Vertrauensbeziehung, gemeinsame Besuche eines Patientenclubs, den Patienten in eine Tagesklinik, schließlich in eine beschützende Werkstatt zu vermitteln, für Berentung, Sozialhilfe und B-Ausweis sorgen und vieles mehr.«

Ob Kisker unter seinen letzten drei Worten verstanden wissen möchte, daß all diese idealtypischen Schritte und wünschenswerten Hausbesuchsergebnisse nur dann erreicht werden können, wenn es zuvor gelingt – und das dürfte eine der größten Hürden sein –, den Patienten von der Notwendigkeit der Einnahme von Neuroleptika zu überzeugen?

Leider ist es nicht bei allen Patienten, die langfristig zu betreuen sind, möglich, sie an eine Gruppe oder die Beratungsstelle heranzuführen. Zu diesen gehören die Patienten, die körperlich nicht mehr dazu in der Lage sind, die Beratungsstelle von sich aus aufzusuchen, oder Patienten, die seit langem nicht mehr aus dem Haus gehen.

Um die Patienten zu erreichen, kann man sich auch der Mithilfe anderer versichern. Das nachfolgende Beispiel beschreibt eine gelungene Zusammenarbeit zwischen sozialpsychiatrischem Dienst und Hausarzt.

Beispiel: Der pensionierte und recht rüstige Ehemann einer chronisch psychisch kranken Frau, die altersbedingt zusätzliche körperliche und geistige Beeinträchtigungen aufweist, wendet sich hilfesuchend an den sozialpsychiatrischen Dienst. Seine Frau weigert sich, dorthin zu kommen, auch mehrere Versuche des Dienstes, durch einen Hausbesuch zu ihr in Kontakt zu treten, scheitern trotz der Unterstützung durch den Mann. Sie hat lebenslang den Kontakt zur Psychiatrie meiden können, so soll es auch weiterhin bleiben. Aufgrund zunehmender wahnhafter Symptomatik vernachlässigt sie fortschreitend ihre körperliche Fürsorge, so daß das Zusammenleben mit ihr noch unangenehmer wird, zudem gefährdet sie sich aber auch selbst.

Zum Mittel einer Zwangseinweisung möchte man noch nicht greifen, so daß schließlich die Idee geboren wird, den Hausarzt, den sie akzeptiert, als Hausbesucher einzuschalten, der sich jedoch der Mithilfe durch die psychiatrische

Krankenschwester gestützt sehen will und soll, um auf diese Weise einen Kontakt anzubahnen. Tatsächlich gelingt es der Schwester, im Auftrag des Arztes bestimmte medizinische Verrichtungen an der Patientin zu vollführen, beispielsweise pflegt sie die »offenen Beine« mit Erfolg, so daß sich hier ein Vertrauen entwickelt, das zunächst lediglich auf das körperliche Wohl gerichtet ist. Schließlich kommt es zu einem ersten (medizinischen) Vollbad, dabei kann dann sogar die Wäsche einmal gewechselt und gewaschen werden. Zwischenzeitlich nimmt der Hausarzt die Fortschritte lobend in Augenschein, die Gespräche zwischen Schwester und Patientin drehen sich inzwischen auch um das seelische Zustandsbild und die daraus resultierenden Probleme, bis es schließlich so weit ist, daß auf Anordnung und in Absprache mit der Patientin erste niedrige Dosen eines Depot-Neuroleptikums verabreicht werden. Nach und nach, oberste Maxime ist nicht die Wirkung, sondern die Vermeidung von Nebenwirkungen, wird die Dosis gesteigert und, man möchte es kaum glauben, es kommt allmählich zur Reduzierung der drängenden psychotischen Gedankeninhalte mit den entsprechend positiven Auswirkungen auch auf das Eheleben. Schließlich wurde ein länger wirksames Mittel verabfolgt, so daß man sich auf 14tägige Hausbesuche (mit Kaffeeplausch) beschränken konnte. Von einer Krankenhauseinweisung war nicht mehr die Rede. Nie gelang es jedoch, die betreffende Patientin einmal zum Besuch in der Kaffeerunde des sozialpsychiatrischen Dienstes zu bewegen.

Unter dem Motto »betreutes Wohnen« hat die Hausbehandlung von Langzeitpatienten mancherorts eine institutionelle Basis bekommen. Gemeinnützige Vereine sind häufig die Träger solcher Projekte. Die Idee, chronisch Kranke stets in

Wohngemeinschaften zusammenzufassen, ist in letzter Zeit korrigiert worden. Manchmal möchte der Patient lieber alleine leben. Es hat den Anschein, als seien die Bedürfnisse und Wünsche psychiatrischer Langzeitpatienten keineswegs so grundverschieden von den Bedürfnissen und Wünschen der »Gesunden«.

Bedrohliche und banale Anlässe – Der Hausbesuch bei psychoreaktiven Krisen

Bei psychoreaktiv ausgelösten Krisen steht die Dringlichkeit der Situation im Vordergrund. Es ist nicht selten die Dramatik des Geschehens, die die Begründung für den Besuch liefert, und es wird in erster Linie der Hausarzt bzw. der diensthabende »Notarzt«, nicht der Psychiater gerufen. Diagnostisch handelt es sich um unterschiedliche Krankheitsbilder, z. B. um einen herzphobischen Anfall, eine psychogene Synkope, ein Hyperventilationssyndrom oder stuporösen Zustand nach erlittenem Trauma (etwa Unfalltod eines Angehörigen). Auch suizidales Tun und Reden gehört in diese Kategorie. Wenn der Patient nicht bekannt ist, kann sich ein Therapeut am Telefon über die Ernsthaftigkeit einer Suiziddrohung nur schwer ein Bild machen. In diesen Situationen wird er lieber einen Hausbesuch zuviel als zuwenig unternehmen.

Gerade suizidale Patienten können den Therapeuten durch ihr selbstzerstörerisches, verleugnendes und manchmal manipulatives Handeln in große Bedrängnis bringen. Solche Patienten wecken negative Gegenübertragungen. Häufig kommen Züge einer ausgeprägten Persönlichkeitsstörung zur Darstellung. Wenn wiederholt in psychoreaktiven Krisen Hausbesuche angefordert werden, sollte der Therapeut dies zum Thema machen. Seine Bereitschaft, stets als »ärztliche Feuerwehr« zu fungieren, wird abnehmen. Je besser der Krisen-Patient und seine Umgebung dem Therapeuten bekannt sind, um so leichter lassen sich Strategien entwickeln, die eine frustrierende Wiederholung therapeutischer Aktivitäten vermeiden.

Beispiel: Ein 12jähriger türkischer Junge ruft in der Beratungsstelle an: Seine 17jährige Schwester läge nicht ansprechbar auf dem Boden. Das sei das dritte Mal. Der Hausarzt habe ihm die Telefonnummer der Beratungsstelle gegeben, da er selbst nicht mehr kommen wolle. Die Stimme des Jungen klingt energisch und hilflos zugleich.

Vor dem Hausbesuch Rückruf beim Hausarzt. Es handele sich bei dem Mädchen um psychogene Ohnmachten. Er sei schon zweimal vor Ort gewesen. Er könne nicht viel machen.

Der Sozialarbeiter der Beratungsstelle fährt zu der türkischen Familie. Die 17jährige Patientin ist inzwischen wieder wach, liegt aber noch im Bett. Viele Angehörige befinden sich in der Wohnung.

Auffallend ist, daß sie sich wenig besorgt zeigen. Erster Ansprechpartner ist der 12jährige Bruder. Der Besucher fragt nach Vater und Mutter und vergibt einen Termin, nachdem er eingehend erläutert hat, wie man am besten zur Beratungsstelle kommt.

Zum Termin erscheinen Tochter und Mutter, und im Gespräch enthüllen sich die Konflikte eines Mädchens, das zwischen zwei Kulturen steht. Das Angebot einer regelmäßigen Aussprache wird angenommen. Der Sozialarbeiter wirbt insbesondere auch um die Eltern, und es gelingt sogar, daß der Vater mehrfach zu Gesprächen in die Beratungsstelle kommt. Die familiäre Atmosphäre entspannt sich, von Ohnmachten ist nicht mehr die Rede.

8 Hausbesuche durch verschiedene Berufsgruppen

In unserer bisherigen Darstellung haben wir die berufsspezifischen Aspekte des psychiatrischen Hausbesuchs vernachlässigt. Sie sind jedoch von erheblicher Bedeutung. Denken wir nur daran, daß es im Regelfall nur dem Arzt möglich ist, einen Patienten in eine Klinik einzuweisen.

Die am psychiatrischen Hausbesuchsdienst beteiligten Berufsgruppen können wir in ärztliche und nicht-ärztliche Mitarbeiter einteilen oder, anders ausgedrückt, in Mitarbeiter, deren Berufsfeld medizinisch definiert ist (Arzt, Krankenschwester), und Mitarbeiter, die ihre Berufsidentität aus dem Bereich der allgemeinen Fürsorge gewinnen (Sozialarbeiter, Sozialpädagogen). Eine Mittelstellung nimmt die Berufsgruppe der Psychologen ein. Die von uns verwandten Begriffe »Therapeut«, »Hausbesucher« oder »psychiatrisch Tätiger« haben die berufsspezifischen Differenzen bisher weitgehend verdeckt oder hatten einen ärztlichen Schwerpunkt.

Der allgemein-ärztliche Hausbesuch

Es ist bekannt, daß die Patienten, die den Allgemeinarzt konsultieren, in einem nicht geringen Prozentsatz an zumeist verborgenen psychischen Störungen leiden. Die Schätzungen über den Anteil dieser Patientengruppe reichen von 20-80 %. In einer sorgfältigen Erhebung wurde eine Prävalenz von 33 % ermittelt (vgl. ZINTEL-WIEGAND et al. 1979).

Es ist aber auch bekannt, daß zahlreiche Patienten nach einer klinisch-psychiatrischen Behandlung sich in erster Linie von ihrem Hausarzt weiterbehandeln lassen. Das mag seinen Grund auch darin haben, daß das Ansehen des Hausarztes in der Bevölkerung höher ist als das Ansehen des Psychiaters. Jedenfalls ist der Anteil von Patienten mit psychiatrischen Hauptdiagnosen in der Allgemeinpraxis so hoch, daß SCHWARTZ et al. (1985, S. 106) es für bedenklich halten, »... daß die Psychiatrie nicht Teil der Pflichtweiterbildung bei den Allgemeinärzten... ist«. Die praktischen Ärzte zählen zu den gemeindenahesten psychiatrischen Einrichtungen. Sie sind systematisch familienorientiert, und insbesondere sind sie »mobil«.

In früheren Zeiten, vor der Jahrhundertwende, gab es die heute übliche Form der »niedergelassenen« Praxis nicht. Der Hausarzt, sofern er es in erster Linie mit gravierenden Krankheitszuständen zu tun hatte, war vornehmlich mit dem Besuch seiner Kranken befaßt. Der Hausbesuch stand so sehr im Vordergrund, daß er dem Allgemeinarzt auch den Namen »Haus-Arzt« verlieh. Auch heute rühmen die Patienten den Arzt, der jederzeit bereit ist, sie zu Hause aufzusuchen.

Der Hausarzt kann im Regelfall damit rechnen, daß sein ärztlicher Besuch vom Patienten und seinen Angehörigen erwünscht, wenn nicht gar ersehnt wird und daß diese mit Enttäuschung oder Sorge reagieren, wenn er länger auf sich warten läßt. Ganz anders können die Verhältnisse beim psychiatrischen Patienten liegen.

Eine Körperkrankheit, die den Patienten ans Bett fesselt, liegt in den meisten Fällen nicht vor. Allerdings gibt es, denken wir nur an den psycho-geriatrischen Bereich oder an psychiatrisch-neurologische Grenzfälle, nicht wenige Ausnahmen. Aber die Situation ist eine ganz andere, wenn sich herausstellt, daß der Patient den Besuch gar nicht wünscht, vielmehr andere (Angehörige, Nachbarn, die Fürsorgerin etc.) ihn für erforderlich halten. Dann ist für den Hausarzt eine Situation geschaffen, die dem üblichen Muster nicht folgt. Um hier richtig zu steuern, bedarf es psychologischer und psychopathologischer Kompetenz. Es muß die Frage beantwortet werden, ob der Kranke lediglich nicht will oder krankheitsbedingt nicht wollen kann. Der Gefährdungsgrad der Situation des Patienten ist einzuschätzen. Gerade der psychiatrische »Krisen-Patient« kann beim unerfahrenen Arzt Handlungsblockaden induzieren. Es hängt von der psychosozialen und psychiatrischen Kompetenz ab, ob der Allgemeinarzt den erteilten bzw. nicht-erteilten Behandlungsauftrag akzeptiert oder ihn an den nervenärztlichen Fachkollegen oder den Kollegen eines sozialpsychiatrischen Dienstes delegiert, sie zumindest zu Rate zieht.

Der Hausbesuch der Krankenschwester

Berufsrolle und Tätigkeitsfeld der Krankenschwester haben sich in der klinischen Psychiatrie in den letzten Jahrzehnten grundlegend gewandelt. Die maßgeblichen Traditionsstränge lassen die für die psychiatrische Versorgung typische Dichotomie erkennen: So verstand sich das Pflegepersonal in der alten Psychiatrie nahezu ausschließlich als aufsichtsführendes Ordnungsorgan, wie es auch in der Bezeichnung »Irrenwärter« zum Ausdruck kommt. Zum anderen gewann das Pflegepersonal seine Identität aus den Aufgabenstellungen bei der Pflege des Körperkranken.

Das Tätigkeitsspektrum des psychiatrischen Krankenpflegepersonals sieht heute anders aus: Es nimmt in der milieu- und gruppentherapeutischen Arbeit eine wichtige Rolle ein. Dies gilt auch für die ambulante Psychiatrie. Aber gerade die pflegerisch-körperliche Orientierung erleichtert es, auch zu schwierigen ambulanten Patienten eine Beziehung herzustellen. Gegenüber Mitarbeitern anderer Berufsgruppen hat die Krankenschwester eine durchaus privilegierte Stellung. Die Patienten, zumal die älteren, wollen nicht unmittelbar auf ihre seelischen oder sozialen Probleme angesprochen werden. Das Gespräch über körperliche Nöte ist ein viel besserer Einstieg, um einen therapeutischen Kontakt anzubahnen.

Um der komplexen Situation eines psychiatrischen Hausbesuchs gewachsen zu sein, hat sich das »Tandem-System« bewährt. Krankenschwester und Arzt suchen gemeinsam den Patienten auf und legen anschließend einen Behandlungsplan fest. In Zukunft wird die erfahrene Krankenschwester jeweils dann den Arzt wieder hinzuziehen, wenn sich Veränderungen oder neue Probleme ergeben haben. Ihr Hauptaugenmerk wird sich auf das körperliche und seelische Wohl des Kranken richten, wird Fragen der Körperhygiene, der Medikamenteneinnahme, der Wahrnehmung von Terminen, aber auch der Tagesgestaltung betreffen. Ebenso sollte sie Erfahrungen im sozialen und beruflichen Raum thematisieren. Niemand wird ihr, wie z. B. in früheren Dienstanweisungen üblich, den Umgang und den Kontakt mit den Angehörigen verbieten. Trotz des vielgeschworenen Abbaus hierarchischer Strukturen wird sie aber nicht alle Verantwortung übernehmen und davon ausgehen, autonom arbeiten zu können, d. h. ohne Abstimmung mit ärztlichen Empfehlungen. Auch während einer nachgehenden Dauerbetreuung können unerwartete akute, gefährliche und brisante Situationen entstehen, bei denen ein Arzt hinzugezogen werden muß.

Der Hausbesuch des Sozialarbeiters

Während die Krankenschwester stärker auf den körperlich-medikamentösen Bereich achtet, soll das Interesse des Sozialarbeiters beim psychiatrischen Hausbesuch in erster Linie der Familie und ihrer Einstellung zum Patienten, nicht zuletzt aber auch den beruflichen und materiell-finanziellen Möglichkeiten des Patienten gelten. Die Praxis lehrt, daß solche Bestimmungen und Abgrenzungen im Rahmen der Nachsorge zurücktreten gegenüber dem Prinzip der personellen Kontinuität von Behandlung und Betreuung. Der psychisch Kranke sucht in der Regel einen, nicht mehrere Ansprechpartner, einen »Bezugstherapeuten«, der um seine Schwierigkeiten in den unterschiedlichen Problemfeldern, seien sie somatischer, psychischer, beruflich-sozialer Natur, weiß. Es ist aus therapeutischen (nicht zuletzt auch aus finanziellen) Gründen ungünstig, wenn der Kranke eine Doppel- oder Dreifachbetreuung sucht oder erhält. Nichtsdestoweniger kann sich seine Problematik verschieben und sich dann in einem Bereich abspielen, für den ein anderer Helfer (z. B. der Arzt oder der Psychotherapeut) die geeignetere Kompetenz besitzt.

Dennoch ist der Sozialarbeiter definiert als die Zentralfigur im Prozeß der Rehabilitation, bei dem nach einem abgestuften Definitions- und Finanzierungsmodus die ärztlich-pflegerischen Aspekte in den Hintergrund treten können.

Es zeigt sich etwa bei Fortbildungsveranstaltungen in der Sozialarbeit, daß Sozialarbeiter vielfältigen, auch widersprüchlichen Einflüssen und Interessen ausgesetzt sind. Einerseits wird der Hausbesuch verherrlicht als Aufbrechen der traditionellen Komm-Struktur, als einzigartiges Mittel, um eine dem Lebensraum des Klienten nahe, helfende Beziehung herzustellen. Andererseits wird der Hausbesuch als überholtes Kontrollmittel verworfen, als Relikt etwa aus der Zeit der Armenpflege. In der Praxis zeigt sich, daß ein vom Arbeitgeber geforderter Arbeitsnachweis durch einen (belegbaren!) »Hausbesuch« sehr viel besser gelingt als durch ein geführtes »Beratungsgespräch«. Auch erwartet beispielsweise eine Klientel, die der Unterschicht angehört, nicht selten einen Hausbesuch und akzeptiert den Sozialarbeiter als unverzichtbare, regulierende Instanz. Eine Einladung zum Gespräch »auf die Behörde« würde große Ängste wecken.

Der Hausbesuch des Nervenarztes

Die Realität der nervenärztlichen Praxis, die Versorgung jener Patientinnen und Patienten, die den Nervenarzt konsultieren, läßt ihm keine Zeit für ein Unternehmen, das zeitaufwendig ist und vergleichsweise gering honoriert wird. So ist es nicht verwunderlich, wenn die kürzlich publizierte »Nervenarztstudie« zu dem Ergebnis kommt, daß ein Nervenarzt im Jahr lediglich zwei- bis dreimal einen Hausbesuch macht (BOCHNIK/KOCH 1990, S. 153). Um so energischer hat TÖLLE (1987) die Nervenärzte ermuntert, »mehr Hausbesuche zu machen«.

Aber der frei praktizierende Nervenarzt ist in seiner Entscheidung, einen Patienten zu Hause aufzusuchen, keineswegs »frei«. Zunächst muß er sich fragen, ob er bei einem Hausbesuch nicht in eine Konkurrenzsituation mit dem Hausarzt des Patienten gerät. Der Nervenarzt unterliegt dem Gebot der Wirtschaftlichkeit seiner Praxisführung. Es ist ihm nicht gestattet, einen Patienten zu Hause aufzusuchen, wenn dieser in der Lage ist, in seine Praxis zu kommen. Nimmt ein Patient einen Termin nicht wahr, so ist dem Nervenarzt ein

Nachgehen nur eingeschränkt möglich, da die Berufsordnung ihm verbietet, für seine Praxis zu werben. Der Patient kann den Arzt frei wählen bzw. abwählen. Eine nachgehende Behandlung ist dem Nervenarzt strenggenommen nur gestattet, wenn er zuvor eine Einwilligung des Patienten in die spezielle Form der Behandlung eingeholt hat. WEBER (1985) spricht hier von einem »ethisch-therapeutischen Dilemma«.

Die Expertenkommission der Bundesregierung hat 1988 in ihren Empfehlungen das Konzept einer »gemeindepsychiatrisch orientierten Nervenarztpraxis« vorgestellt. Es sieht u. a. die Integration nicht-ärztlicher Mitarbeiter (z. B. Sozialarbeiter) vor, welche sich vor allem Aufgaben der nachgehenden und aufsuchenden Behandlung widmen sollen. Modellhaft wurde eine solche Praxisform bereits erprobt, doch steht eine Realisierung wegen vielfältiger institutioneller und bürokratischer Hemmnisse noch nicht in Aussicht. Das Geld spielt auch hier die entscheidende Rolle.

Der Hausbesuch des wissenschaftlichen Forschers

Wissenschaftliche Verlaufsuntersuchungen sind in der Psychiatrie von großer Bedeutung. Solche über weite Zeiträume angelegte Studien verlangen, daß Patienten auch dann eingehend untersucht werden, wenn sie nicht mehr in klinischer oder ambulanter Behandlung stehen. Häufig ist der Hausbesuch das bevorzugte Mittel, um den ehemaligen Patienten erneut zu befragen. Es ist nicht unumstritten, ob in jedem Fall ein solcher Hausbesuch durchgeführt werden darf. RETTERSTÖL (1980, S. 52) berichtet:

»Bevor ich den Patienten zu Hause aufsuche, schreibe ich ihm... Es gibt Patienten, die außerordentlich verstört reagieren, wenn wir sie unerwartet aufsuchen und in ihr Haus eindringen. Ich erinnere mich an eine Patientin, die ihrem Ehemann nichts über ihren Krankenhausaufenthalt erzählt hatte – sie hatte erst danach geheiratet –, und sie wartete stundenlang auf mich auf der Straße, um mich abzufangen, bevor ich ins Haus eintreten konnte.«

Dem steht entgegen, daß nur der Hausbesuch für wissenschaftliche Untersuchungen eine Fülle von wichtigen Informationen liefern kann. Ein »invasives Vorgehen« erscheint unumgänglich. GMÜR (1987, S. 20) schildert ausführlich die Gestaltung der Kontaktaufnahme mit den Patienten, die er für eine umfangreiche katamnestische Studie interviewen mußte:

»Am meisten befürchtete ich, daß meine Kontaktaufnahme als Aufdringlichkeit, als unverschämtes Eindringen in die Privatsphäre, als unerwünschte Kontrolle empfunden werden könnte ... Da ich aber alles daran setzen wollte, Vollständigkeit der Datensammlung anzustreben, suchte ich zuerst alle Patienten, die sich in einer Klinik oder einer Werkstätte aufhielten, zum Teil unangekündigt auf und interviewte sie ohne großes Bitten...«.

Unangemeldete Hausbesuche hat GMÜR (1987), soweit erkennbar, abgelehnt. Gegen eine zu große ethische Bedenklichkeit bei der Durchführung von »wissenschaftlichen Hausbesuchen« hat SCHULSINGER (vgl. 1980, S. 53) eingewandt, daß die den Patienten beeinträchtigenden Effekte nicht so groß sein können, wenn man bedenkt, wie wenig eine intensive Psychotherapie des schizophrenen Patienten bei diesen auszurichten vermag. Andere Forscher betonen, daß die Nachuntersuchungen möglichst immer zu Hause erfolgen sollen, weil auf diese Weise über die Lebensgeschichte des Kranken, über seine Familie, seine Arbeitsstelle, über das Milieu, in dem er lebt, viel mehr zu erfahren ist als in einer klinischen Umgebung. »Wir ließen uns also nicht vor der Haustüre abschrekken«, schreibt MÜLLER (1980, S. 96) über sein Vorgehen bei der mit Luc Ciompi durchgeführten Lausanner-Verlaufsstudie. Ein deutliches Insistieren sei notwendig gewesen, um die Zahl der Verweigerer gering zu halten.

Inzwischen wurden in der Bundesrepublik Gesetze erlassen, die den nachgehenden wissenschaftlichen Untersuchungen Grenzen setzen. Maßgebend werden datenschutzrechtliche Bestimmungen, die die Bürger und Bürgerinnen vor zuviel wissenschaftlicher Neugier bewahren sollen.

Teil III

9 Hausbesuchspraxis im internationalen Vergleich

Es ist überaus reizvoll, ethno-psychiatrische Unterschiede des psychiatrischen Hausbesuchs zu untersuchen. Geschichtliche Erfahrungen, kulturelle Einflüsse und Gebräuche, aber auch der erreichte ökonomische Standard sowie die Gestaltung des Sozialsystems sind von Bedeutung.

Psychiatrische Hausbesuche sind Indikatoren für den Entwicklungsstand der ambulanten Psychiatrie im jeweiligen Land. Nur dort, wo sich ein differenzierteres System extramuraler psychiatrischer Versorgung entwickelt hat, stoßen wir auf das Phänomen »Hausbesuch«. Es ist notwendigerweise verknüpft mit den Prinzipien von »Gemeindenähe« und »Sektorisierung«. Trotz großer regionaler Unterschiede in den verschiedenen Ländern können diese Leitideen immer wieder ausgemacht werden.

Home Visiting Team (USA)

»Ich schlage ein nationales Gesundheitsprogramm vor, mit dessen Hilfe wir beginnen wollen, die Versorgung und Pflege der geistig Gestörten und Kranken ganz neu zu gestalten. Dieser neue Zugangsweg wird es fast allen psychisch Kranken ermöglichen, schnell und erfolgreich in ihren Gemeinden behandelt zu werden, damit sie einen nützlichen Platz in der Gesellschaft wiederfinden. Im Licht der neuen Gedanken haben sich die traditionellen Heilmethoden als obsolet erwiesen. Sie haben in der Vergangenheit über die Geisteskranken eine soziale Quarantäne verhängt, sie in riesige, unschöne Anstalten zeitlebens oder sehr lange festgehalten, so daß sie aus den Augen und schließlich aus dem Sinn geraten waren.« (zit. n. PASAMANICK et al. 1964, S. 177)

Das ist ein Zitat aus der Rede des amerikanischen Präsidenten Kennedy über »Mental Illness and Mental Retardation«, die er an den 88. Kongreß der amerikanischen psychiatrischen Gesellschaft im Februar 1963 richtete. Durch diese Botschaft bekam die Reform der psychiatrischen Versorgung in den USA einen gewaltigen Auftrieb. Vielerorts wurden sogenannte »Community Mental Health Centers« (CMHC) eingerichtet. Sie erfuhren nur dann finanzielle Unterstützung, wenn sie neben anderen Komponenten auch über einen rund um die Uhr funktionierenden mobilen psychiatrischen Notdienst verfügten. Die Vermeidung einer stigmatisierenden psychiatrischen Krankenhauseinweisung war eines der wesentlichen Ziele der CMHC.

In den Fachzeitschriften finden sich aber bereits in den 50er Jahren Berichte über psychiatrische Hausbesuche. Sie stehen zunächst in keiner Verbindung zu den CMHC. Prototypisch ist die Arbeit von BEHRENS/ACKERMAN (1956). Der Hausbesuch steht hier ganz im Zeichen einer familientherapeutischen Perspektive. Er wird als Schlüssel bezeichnet, um die familiären Interaktionen zu verstehen.

Der Hausbesucher besteht darauf, daß alle Familienmitglieder anwesend sind. Sie sollen während des Besuchs das tun, was sie üblicherweise um diese Zeit auch tun würden. Solch ein Hausbesuch dauert in der Regel drei Stunden. Der

Familientherapeut ist nach dem Hausbesuch aufgefordert, sich anhand von 10 Fragenkomplexen bezüglich des Äußeren der Wohnung, der Atmosphäre, der Interaktionen etc. Rechenschaft über seinen Hausbesuch abzulegen.

BLOCH (1973) forderte, daß zu Beginn jeder Familientherapie stets ein solcher Hausbesuch stattfinden sollte (»without exception«). Er schreibt:

»Der Hausbesucher muß sich die Stühle, Bänke, Betten, Bilder, Bücher, das Spielzeug, die Küchenutensilien, die Kleider, die Arzneimittel und die anderen vielen Dinge des täglichen Bedarfs als Kunst-Materialien vorstellen. Der gegenständliche und soziale Raum, den die Familie gestaltet hat, entspricht einer mehrdimensionalen Leinwand, auf der sie ihre eigene Struktur, ihre innere Welt abbildet.« (BLOCH 1973, S. 39)

Die in den 60er Jahren gegründeten Community Mental Health Centers entfalteten eine rege Hausbesuchsaktivität. Eine dezidiert familientherapeutische Sicht ist nur noch stellenweise erkennbar. Vielmehr steht die Frage im Vordergrund, ob es gelingt, den Patienten vor einer Hospitalisation zu bewahren und ob das Programm einer »Deinstitutionalization« (BRAUN et al. 1981) Erfolg verspricht. FRIEDAN et al. (1964) berichten, daß es in der Tat möglich ist, Hospitalisationen zu vermeiden. Wichtigste Voraussetzung ist jedoch die frühzeitige Intervention, da der Patient, wenn er einmal »with bag and baggage« in einer Klinikambulanz angekommen sei, kaum noch motiviert werden könne, zu Hause zu bleiben (FRIEDAN et al. 1964, S. 787).

NOËLL (1971) betont, daß es nicht in jedem Fall möglich sei, eine Krankenhauseinweisung zu verhindern, jedoch sei durch die vorhergehende Hausbesuchsbehandlung eine Vertrauensbasis geschaffen worden, so daß häufig eine Krankenhauseinweisung ohne größere Traumatisierung und mit weniger Angst veranlaßt werden könne. Entscheidend sei, daß der Psychiater ein exaktes Bild von der Wohnsituation des Patienten erhalte und nicht eine Beschreibung aus zweiter oder dritter Hand (NOËLL 1971, S. 618). RUIZ et al. (1973, S. 24) berichten über die erfolgreiche Integration von Laienhelfern in die »mobile unit«. Der Einsatz von Laienhelfern sei insbesondere bei der Suizidprophylaxe sinnvoll.

Die Durchführung begleitender evaluativer Forschung war den CMHC zur Bedingung für finanzielle Unterstützung gemacht worden. Eine der ersten Studien stammt von PASAMANICK et al. (1964). Sie vergleichen den Verlauf bei drei zufällig ausgewählten Patientengruppen, von denen eine die Hausbehandlung (»home care«) erfährt. Sie kommen zu dem Ergebnis, daß die Gruppe der Patienten – es handelte sich um schizophren Erkrankte –, die zu Hause behandelt wurde, längere Zeit selbständig bleiben konnte als die Kontrollgruppen. Bei einer fünf Jahre später durchgeführten Nachuntersuchung (PASAMANICK et al. 1967) konnten wesentliche Unterschiede zwischen den verschiedenen Gruppen nicht mehr festgestellt werden. Die Autoren leiten hieraus die Forderung ab, daß die mobilen psychiatrischen Gesundheitsdienste sich verstärkt der aktiv nachgehenden und aufsuchenden Behandlung widmen sollten (»on an intensive aggressive basis«).

BRAUN et al. (1981) haben einen kritischen Überblick über die evaluative Forschung der Programme der »Deinstitutionalization« gegeben. Sie kommen zu dem Ergebnis, daß viele Fragen noch unbeantwortet sind. Sie schreiben:

»Wir wissen einiges über mögliche Alternativen zur Krankenhausbehandlung, obwohl die Studien, die sich dieses Themas annehmen, viel zu wünschen übriglassen. Die Studien, die uns noch am meisten zufriedenstellten, erlauben die Aussage, daß es bestimmten ausgewählten Patienten, die außerhalb des Krankenhauses leben, in bestimmten Reformprojekten nicht schlechter geht und daß unter bestimmten Kriterien der Verlauf der psychiatrischen Krankheit günstiger ist als bei jenen Patienten, die hospitalisiert sind.« (BRAUN et al. 1981, S. 747)

Trotz der wissenschaftlichen Belegbarkeit einer positiven Wirkung der psychiatrischen Ambulanzdienste befinden sich die CMHC in den USA im letzten Jahrzehnt eher in der Defensive. Die Ergebnisse der wissenschaftlichen Evaluationsforschung spielen hierbei nur eine geringe Rolle. Das psychiatrische Gesundheitswesen befindet sich in einer Phase der Umstrukturierung, um die erheblichen Kostensteigerungen aufzufangen (vgl. REDLICH 1989, S. 93). Dies impliziert vielfältige Veränderungen. Man kann die Frage stellen, ob in den USA psychiatrische Hausbesuche in der Tat Ausdruck einer qualitativ veränderten psychiatrischen Praxis waren. Wenn es sich lediglich um Maßnahmen gehandelt hat, die sich des Hausbesuchs als einer »Sozialtechnik« bedienten, dann kann er jederzeit auch gestrichen oder durch andere Mittel ersetzt werden.

La visite à la domicile (Frankreich)

Anfang der 70er Jahre wurden in Frankreich die Prinzipien einer sektorisierten psychiatrischen Versorgung, die in lokalen Initiativen erprobt worden waren, verbindlich vorgeschrieben. Die »psychiatrie de secteur« weist dem psychiatrischen Hausbesuch eine zentrale Bedeutung zu. HOCHMANN (1971) räumt der aufsuchenden Behandlung als Kontaktform absolute Priorität ein. Sie führe zu einer inhaltlichen Veränderung der Beziehung des Therapeuten zu seinem Patienten. Hochmann schreibt:

»Der Hausbesuch ist ein unerläßliches Element für die analytische Durchdringung der Arbeit der Therapeuten und Helfer selbst. Unserer Erfahrung nach ist der Hausbesuch das stärkste antihierarchische und antiinstitutionelle Virus.« (HOCHMANN 1971, S. 64)

Hochmann arbeitete im 13. Arrondissement von Paris, der französischen Keimzelle der Sektorpsychiatrie. Dort war ein Verein »Hospitalisation à la domicile« gegründet worden. Die »Hausbehandlung« mit manchmal täglichen Besuchen ist als Alternative zur Behandlung in der psychiatrischen Anstalt konzipiert, und der Hausbesuch als das wirksamste Mittel einer solchen Alternativbehandlung eingeschätzt worden. So sprechen WOODBURY/WOODBURY (1969) vom Hausbesuch als dem »Türhüter der Klinik«. Sie unterziehen den Hausbesuch einer psychoanalytisch orientierten Reflexion. Bei jedem Hausbesuch spielen Ängste und Wünsche des Patienten, aber auch Ängste und Wünsche der Therapeuten eine große Rolle. Mit dem Hausbesuch ist ein Grenzübertritt verbunden. Nur im Notfall sollte die Türschwelle ohne Einverständnis überschritten werden. Sie schreiben:

»Bei unseren Hausbesuchen haben wir gelernt, die Türschwelle so lange nicht zu übertreten, bis wir ausdrücklich eingeladen wurden, hereinzukommen. Zuerst haben wir die Person, die uns die Tür öffnete, gegrüßt, dann uns und den Sinn unseres Kommens klar und deutlich vorgestellt, und einer von uns hat das Gespräch begonnen, indem er auf die unangenehmen Seiten der Situation hinwies, z.B. mit der Bemerkung: ›Entschuldigen Sie bitte, daß wir Sie stören. Wahrscheinlich möchten Sie gar nicht, daß wir in dieser Weise bei Ihnen vorsprechen und Sie in Ihren vier Wänden überfallen.‹ Meistens war dann die Antwort wie folgt: ›Es ist schon in Ordnung. Sie sind doch gekommen, um zu helfen? Bitte kommen Sie herein.‹ Gar nicht so selten hat ein Patient hinzugefügt: ›Sie werden mich ja wohl nicht auffressen, oder?‹.« (WOODBURY/WOODBURY 1969, S. 622)

Das Bewußtsein, daß mit jedem Hausbesuch ein »invasives Vorgehen« verbunden ist, hat auch AUDISIO (1980), der die Sektorpsychiatrie eine »militante Psychiatrie« genannt hat. Im Nachgehen und Aufsuchen tut sich ein Konfliktfeld zwischen individuellem und kollektivem Interesse auf. Dies ist der Grund, warum Audisio schreibt:

»Der Hausbesuch hat Sinn und Bedeutung nicht durch sich selbst, sondern nur, wenn er im Horizont besonderer Fürsorge steht.« (AUDISIO 1980, S. 146)

Servizio forte und Servizio diffuso (Italien)

Die demokratische Psychiatrie in Italien und die unter ihren Aussichten initiierte Reform gehört zweifellos zu den radikalsten und umstrittensten Reformprojekten. Mit dem Psychiatriegesetz No. 180 aus dem Jahre 1978 wurde die Aufnahme von psychiatrischen Patienten in den Anstalten untersagt. Auf diese Weise wurde die schrittweise Auflösung der Anstalten angestrebt. Für stationäre Behandlungen wurden an Allgemeinkrankenhäusern psychiatrische Abteilungen geschaffen, die jedoch lediglich 15 Betten umfassen dürfen. Ambulante psychiatrische Dienste sollen die Hauptlast und die Verantwortung für die psychiatrische Behandlung in einer umschriebenen Region übernehmen.

Auch in ihrem theoretischen Anspruch stellt die demokratische Psychiatrie in Italien die bisher radikalste Form von Sozialpsychiatrie dar. Die Radikalität entspricht der damals vorzufindenden Misere italienischer Anstalten. Manche Zielvorstellung geht dahin, psychiatrische Behandlungsformen in welcher Gestalt auch immer aufzuheben. Ein gesellschaftskritischer Hintergrund prägte wesentlich die Dynamik der Reform.

Im Jahre 1986 haben ERNST/ERNST die italienische Psychiatrie in der Lombardei in Augenschein genommen. Zu ihrer Überraschung konnten sie in diesem Teil Italiens weder sensationell niedrige psychiatrische Bettenschlüssel und radikale Deinstitutionalisierungen beobachten, noch konnten sie eine skandalöse Unterversorgung erkennen.

Bei ihrem Besuch der psychiatrischen Ambulatorien ist ihnen ein Phänomen ins Auge gesprungen, das, wie sie schreiben, »die gesamte schweizerische Psychiatrie in den Schatten stellt« (ERNST/ERNST 1986, S. 148). Es handelt sich um das Ausmaß, in dem psychiatrische Hausbesuche durchgeführt werden.

Sie führen folgende Zahlen an: Von den rund 47.000 Patienten, die 1985 in der Lombardei ambulant behandelt worden sind (und die 5,3 Promille der ca. 9 Millionen Einwohner der Region entsprechen) wurden rund ein Viertel, nämlich 11.000 Patienten, in ihren Wohnungen aufgesucht, und dies nicht nur pro Fall sporadisch, sondern im Mittel 9-10mal pro Patient. Dies machte 1985 in der Lombardei 108.000 Hausbesuche aus. Zu Konflikten mit den niedergelassenen Allgemeinärzten ist es nicht gekommen. Diese waren eher froh darüber, von der Sorge um die vorwiegend schwer-chronisch Kranken mit meist »niedriger« sozialer Herkunft entbunden zu sein.

Für die Provinz Arrezo konnten folgende Zahlen erhoben werden: Ein psychiatrischer Ambulanzdienst, zuständig für eine Region von 35.000 Einwohnern und ausgestattet mit vier kleinen Autos, mit denen auch die entlegensten Bergdörfer erreicht werden konnten, führte im Jahre 1983 bei 66 Patienten insgesamt 2430 psychiatrische Hausbesuche durch; das entspricht 36,8 Besuchen pro Patient pro Jahr (vgl. Pittrich 1984).

Inzwischen ist in Italien eine Organisation entstanden, die zu den größten vergleichbarer Art in Europa gehört. Sie fordert die Rücknahme des Reformgesetzes. Es ist die Organisation der Angehörigen psychisch Kranker. Dies ist im Grunde nicht verwunderlich. Man erkennt, daß ein großer Teil der Last der Psychiatriereform nicht selten auf die Schultern der Familie und der Angehörigen geladen wurde. In zahlreichen Provinzen waren die Angehörigen gezwungen, ihre kranken Familienmitglieder auch in Zuständen akuter psychotischer Krisen ohne ärztliche Hilfe aufzufangen. Es gab keine Möglichkeiten, die Familien auch nur vorübergehend zu entlasten.

Inzwischen ist deutlich geworden, daß mit der Verabschiedung des Reformgesetzes 1978 der Beginn einer Entwicklung markiert wurde, die uneinheitlich verläuft und keineswegs abgeschlossen ist. Angesichts des enormen personellen und zeitlichen Einsatzes der Ambulanzdienste, deren Hausbesuchstätigkeit phasenweise 90 % der gesamten Arbeit ausmacht, verwundert es nicht, wie wenig darüber im einzelnen publiziert wird. Andererseits beobachten wir eine auf hohem Abstraktionsniveau geführte Theoriedebatte über konzeptionelle Fragen der Ambulanzdienste, ob sich diese als psychiatrische Versorgungsform profilieren sollen (»Servizio forte«) oder ob sie sich als undifferenziertes psychosoziales Hilfesystem (»Servizio diffuso«) verstehen sollen (vgl. Pirella 1987). Es scheint, daß die exakte Beschreibung und Erkundung der konkreten Versorgungswirklichkeit manche theoretische Streitfrage rasch überflüssig machen würde.

Home Assessment und Home Treatment (England)

Das Gesundheitssystem in Großbritannien ist mit dem bundesrepublikanischen in vielerlei Hinsicht nicht vergleichbar. Zum Beispiel gibt es die Institution des niedergelassenen Psychiaters in Großbritannien nicht.

1948 wurde eine nationale Gesundheitsversorgung (»National Health Service«) eingeführt. Die psychiatrischen Großkrankenhäuser wurden mit den allgemeinen Krankenhäusern zu einem einheitlichen System zusammengefaßt, welches im Hinblick auf einen Sektor (»health district«) von ca. 250.000 Einwohnern organisiert werden sollte. Die Verantwortung für die Behandlung der psychiatrischen Patienten wurde einem Chefarzt (»consultant«) übertragen. Die Frage, ob der Patient stationär aufgenommen oder in einer Tagesklinik behandelt oder in einer Ambulanz versorgt oder auch von einem Allgemeinpraktiker betreut wird, hat im Hinblick auf die fachlich-institutionelle Verantwortung keine Relevanz (Wing 1982, S. 56).

Im »Mental Health Act« wurde die psychiatrische Reform in Großbritannien im Jahre 1960 festgeschrieben. Es kam zu einer deutlichen Verkleinerung des Systems der psychiatrischen Krankenhäuser. Es zeigte sich, daß der englischen Psychiatrie dogmatische Einstellungen fremd zu sein scheinen. Auf die Frage, wo denn der richtige Ort für die Behandlung des psychiatrischen Patienten sei, antwortete der bedeutende Sozialpsychiater Wing ganz pragmatisch:

»Ein gutes Krankenhaus ist besser als ein schlechtes Wohnheim oder eine ungünstige familiäre Umgebung. Ein gutes Wohnheim ist besser als ein schlechtes Krankenhaus oder eine ungünstige familiäre Umgebung. Eine günstige familiäre Situation ist besser als ein schlechtes Krankenhaus

oder ein schlechtes Wohnheim ... « (WING 1978, zit. n. HASEL-
BECK et al. 1987, S. 246).

Nichtsdestoweniger soll nach WING (1982) für jeden Di-
strikt ein ambulanter, mobiler Dienst vorgehalten werden,
dessen Arbeit sich möglichst auf ein Fallregister stützen sollte. Das Fallregister soll es den Ambulanz-Mitarbeitern ermöglichen, in jedem Fall eine exakte Kenntnis des Patienten
und seines Rückfallrisikos zu erhalten. WING (1982, S. 67)
schreibt:

»Die Angehörigen (oder das Personal von Wohnheimen)
sollten darauf vertrauen können, daß eine Krankenschwester,
ein Arzt oder ein Sozialarbeiter im Notfall rasch einen Hausbesuch macht und die notwendigen Maßnahmen unternimmt. Diese Beziehung zum Patienten und seiner Familie
sollte solange aufrecht erhalten werden, solange die Situation
der psychischen Krankheit bestehen bleibt.«

Aber auch in England hat das psychiatrische Krankenhaus
seine Vorrangstellung bei der Versorgung noch nicht verloren. In einem Weißbuch der Regierung »Better Services for
the Mentally Ill« wird kein Hehl daraus gemacht, daß sich die
Ausgaben für stationäre Behandlung im Verhältnis zu den
Ausgaben für die sozialpsychiatrischen Dienste bei 20:1 bewegen (vgl. BENETT 1989, S. 164).

Psychiatrische Hausbesuche in Mittel- und Osteuropa

Über den Ausbau und Stand des ambulanten psychiatrischen
Versorgungssystems in Mittel- und Osteuropa ist hierzulan-
de wenig bekannt. Die gesellschaftlichen Umstände hinder-
ten die mittel- und osteuropäischen Psychiater jahrzehnte-
lang an einer offenen, selbstkritischen, wissenschaftlichen

Reflexion eigener Praxis (vgl. TRENCKMANN 1989). Generell wird man feststellen müssen, daß der geringer entwickelte ökonomische Wohlstand, insbesondere der Wohnungsmangel, dem Aufbau ambulanter, extramuraler Versorgungsformen entgegenstand. Teilweise war man froh darüber, daß mit den psychiatrischen Anstalten zumindest Gebäude vorhanden waren, die psychiatrische Patienten nutzen konnten.

Wie bei einer Studienreise in Polen 1987 festgestellt werden konnte, bestehen hier, wie vielerorts, große Unterschiede im städtischen und im ländlichen Bereich im Hinblick auf Dichte der ambulanten Versorgung. Allein aufgrund des Mangels an fachlich ausgebildetem Personal zeigen notfallpsychiatrische Einrichtungen vorwiegend eine Komm-Struktur. In Krakow ist jedoch des Nachts und an den Wochenenden auf Anruf ein diensthabender Psychiater erreichbar und kommt bei Notsituationen gegebenenfalls in die Wohnung des Kranken. Da jedoch der Dienst pauschal und gering bezahlt wird, ist die Motivation des Arztes bei Annahme eines Notfalls nicht sehr groß. Sofern er den Eindruck hat, daß er aus nichtigen Gründen gerufen wurde, kann er veranlassen, daß der »Patient« eine Strafe zahlen muß. Dies ist jedoch selten der Fall.

Über die Psychiatrie in der ehemaligen DDR wird es in der Zukunft sicher viele Forschungsarbeiten geben. Von den anfänglichen Sensationsberichten über eine mißbrauchte Psychiatrie ist wenig übriggeblieben. Zurückgeblieben sind hingegen Anstalten und Krankenhäuser in einem erschreckenden baulichen Zustand. Wir wissen, daß die ambulante Psychiatrie in der DDR stark von fürsorgerischen und obrigkeitlichen Prinzipien geprägt war. Individuelle Verwahrlosung war nicht »gestattet«. Die Behörden hatten große Angst vor Störern, so daß es Fälle gab, in denen psychiatrische Kliniken vor

Staatsfeiertagen, Staatsbesuchen oder anderen Großveranstaltungen angewiesen wurden, an diesen Tagen keine Patienten zu beurlauben oder zu entlassen. Umgekehrt gab es Fälle – so 1973 in Berlin während der Weltjugendfestspiele –, in denen ein Facharzt prophylaktisch eine Frau, die durch lautes und aggressives Verhalten auffällig geworden war, einweisen ließ. In dem Bericht der »Kommission zur Aufklärung von Mißbrauch in der Ost-Berliner Psychiatrie« erfahren wir in diesem Zusammenhang von einem ungewöhnlichen psychiatrischen Hausbesuch: Ein Stadtbezirksarzt wollte eine psychisch kranke Frau, die in der Aufmarschstraße der jährlich im Januar stattfindenden Demonstration zum Gedenken an Karl Liebknecht und Rosa Luxemburg wohnte, vorsorglich einweisen. Sie war mehrfach durch störendes Rufen aus dem Fenster aufgefallen. Was taten die psychiatrischen Fürsorger in der ambulanten Behandlungsstelle? Wie lösten sie den Gewissenskonflikt zwischen ärztlicher Verantwortung und politisch motiviertem Auftrag? Sie unternahmen einen zeitlich sehr ausgedehnten Hausbesuch bei der Patientin während der Demonstration und verhinderten sowohl die Einweisung als auch die Störung.

10 Grenzen und Kritik des Hausbesuchs

Die ökonomischen Ressourcen im Bereich der psychosozialen Hilfeangebote sind begrenzt. Es wird nicht möglich sein, das Hausbesuchsangebot unendlich auszudehnen. Jeder psychiatrische Hausbesuch ist zeitaufwendig und nicht billig. Zudem werden sich die psychosozialen Helfer auch weiterhin um jene Patientinnen und Patienten kümmern müssen, die in die Ambulanz kommen oder die in klinischen oder komplementären Einrichtungen behandelt werden müssen. Einer ausufernden Hausbesuchs-Aktivität stehen aber nicht nur ökonomische oder organisatorische Zwänge, sondern auch grundsätzliche Erwägungen entgegen. Diese Erwägungen wollen wir nicht unter den Tisch fallen lassen. Sie lassen sich unter dem kritischen Stichwort »Befriedungspsychiatrie« (BASAGLIA 1980) erörtern.

Damit sind nicht Situationen gemeint, in denen das Angebot des psychiatrischen Hausbesuchs offensichtlich mißbraucht wurde. Wir denken an Alkoholabhängige, die den Hausbesuch anfordern mit dem Argument, sie seien vollkommen hilflos, während sie gleichzeitig imstande sind, sich ihre Spirituosen am Kiosk einzukaufen. Auch erinnern wir Situationen, in denen schlicht eine Art Langeweile oder andere Frustrationen Anlaß waren, Alarm zu schlagen. Solches kann auch für Angehörige zutreffen, die den Krisendienst in das pathologische familiäre Szenario einbauen und den Hausbesucher geradezu als Kulisse benötigen, aber wirkliche Veränderungen gar nicht anstreben. Es gibt diese Fälle von »Mißbrauch«. Sie sind jedoch kein Argument, die Hausbesuchspraxis grundsätzlich zu kritisieren und in Frage zu stellen.

Anders verhält es sich mit einer Kritik, die in einer Psychiatrie, welche sich aus den Kliniken, den Praxen und den Sprechzimmern der Beratungsstellen hinauswagt, ein zweischneidiges Schwert sehen will. Psychiatrische Hausbesuche – deren Institutionalisierung in einem Rund-um-die-Uhr-Krisendienst von den Angehörigenverbänden dringend gefordert wird – werden von ihr als staatliche Überwachungsmethode entlarvt, welche sich gegenüber der Praxis der überkommenen Großkrankenhäuser nur weiter verfeinert habe. CASTEL/CASTEL (1982) sprechen von der Transformation der psychiatrischen Kontrollpraxis aus der Anstalt in die sanfte Kontrolle der Sektorpsychiatrie. Die Befürchtungen richten sich auf die mögliche Psychiatrisierung jedes Alltagszwischenfalls. Selbst PLOG (1980) warnt vor einem »stahlharten Spinnennetz« ambulanter Versorgung, dessen Gefängnishaftigkeit beinahe unsichtbar werde. BASAGLIA (1980) fürchtet eine die Gesellschaft umspannende Kette von Spezialisten, deren Fachleute geschult seien, Konflikten vorzubeugen, Unruhe abzuwenden, Dissenz zu entschärfen, kurz, die »Normalisierung« voranzutreiben. Auf diese Weise begehe die Sektorpsychiatrie »Befriedungsverbrechen«. WULFF (1981) glossiert die sozialpsychiatrischen Reformideen, wie sie sich in einem Bild auf den Umschlagseiten der von der »Aktion psychisch Kranke« herausgegebenen Bände niedergeschlagen haben, wo nämlich jedes zweite Haus eine psychosoziale Hilfseinrichtung ist. Hier herrsche eine Idealisierung und ein unkritisches Bewußtsein.

Das tägliche Leben in früheren Zeiten

Im Format 11,9 × 18,7 cm sind bisher erschienen:

Jérôme Carcopino: Rom.
Leben und Kultur in der Kaiserzeit. Vorwort von Raymond
Bloch. Neu herausgegeben von Edgar Pack. 512 Seiten. 83
Abbildungen im Text. 30 Fotos auf Tafeln. 5 Karten.

André Chouraqui: Die Hebräer
Geschichte und Kultur zur Zeit der Könige und Propheten.
Übersetzt von Elisabeth Profos-Sulzer. 287 Seiten.

Robert Etienne: Pompeji
Das Leben in einer antiken Stadt. 2. Auflage. Übersetzt von
Irmgard Rauthe-Welsch. 463 Seiten. 45 Abbildungen im Text.
25 Fotos auf Tafeln. 1 Karte.

Paul Faure: Kreta
Das Leben im Reich des Minos. Übersetzt von Isolde und Karl
Friedrich Eisen. 476 Seiten. 19 Abbildungen im Text.
28 Fotos auf Tafeln. 2 Karten.

Robert Flacelière: Griechenland
Leben und Kultur in klassischer Zeit. Übersetzt und herausgegeben von Edgar Pack. 479 Seiten. 61 Abbildungen im Text.
41 Fotos auf Tafeln. 3 Karten.

Jacques Heurgon: Die Etrusker
2., erweiterte Auflage. Übersetzt von Irmgard Rauthe-Welsch.
448 Seiten. 82 Abbildungen im Text. 22 Fotos auf Tafeln.
(Auch als UB Nr. 7989 [6] lieferbar.)

Charles-Marie Ternes: Die Römer an Rhein und Mosel
Geschichte und Kultur. 2. Auflage. Übersetzt von Dorothea
Basrai. 351 Seiten. 49 Abbildungen im Text. 26 Fotos auf Tafeln.

Philipp Reclam jun. Stuttgart

Inhalt